陈季同

（1852—1907）

福建历史文化名人丛书

福建省社会科学界联合会 编

陈季同

中西文化交流先驱

林 怡 编著

海峡出版发行集团 THE STRAITS PUBLISHING & DISTRIBUTING GROUP | 福建人民出版社 FUJIAN PEOPLE'S PUBLISHING HOUSE

图书在版编目（CIP）数据

陈季同：中西文化交流先驱／林怡编著．--福州：
福建人民出版社，2019.10（2020.11重印）
（福建历史文化名人丛书）
ISBN 978-7-211-08185-1

Ⅰ．①陈… Ⅱ．①林… Ⅲ．①陈季同（1852–1907）—
生平事迹 Ⅳ．①K827=52

中国版本图书馆CIP数据核字（2019）第204792号

陈季同
CHENJITONG
——中西文化交流先驱

作　　者： 林　怡
责任编辑： 陈　宽
出版发行： 福建人民出版社　　**电　　话：** 0591-87604366(发行部)
网　　址： http://www.fjpph.com　　**电子邮箱：** fjpph7211@126.com
地　　址： 福州市东水路76号　　**邮　　编：** 350001
经　　销： 福建新华发行（集团）有限责任公司
印　　刷： 福建省金盾彩色印刷有限公司
地　　址： 福州市金山浦上工业区D区24幢
开　　本： 700毫米×1000毫米 1/16
印　　张： 8.75
字　　数： 93千字
版　　次： 2019年10月第1版　　2020年11月第2次印刷
书　　号： ISBN 978-7-211-08185-1
定　　价： 25.00元

总 序

李 红

社会科学承载着“认识世界、传承文明、创新理论、咨政育人、服务社会”的重要功能，是人类赖以传承的精神支柱。近年来，福建省各级各部门认真贯彻《福建省社会科学普及条例》，社会科学普及工作扎实开展、稳步推进，通过举办全省社科普及宣传周、建立社科普及基地、开办社科普及讲坛等社科普及咨询平台载体，其制度化、常态化、大众化工作取得了明显成效。

习近平总书记指出，文化是民族生存和发展的重要力量，中华优秀传统文化已经成为中华民族的基因，植根在中国人内心，潜移默化地影响着中国人的思维方式和行为方式。福建文化是中华文化中极富特色的一部分，深度融入了中国文化的进程，展现出突破陈规、积极进取、兼容并包、锐意创新的胸襟和气魄。向大众传播福建优秀的历史文化知识，是福建省社科普及工作的重要内容。以接福建地气、讲福建故事、塑福建形象、续福建文脉的姿态编辑出版的“福建历史文化名人丛书”，既较为全面地展示了福建文化深厚的历史底蕴和丰富的人文精神，也为福建当下的社会文化建设提供了有益的资鉴。“福建历史文化名人丛书”所包含的朱熹、林则徐、严复、陈嘉庚等人物传记，记录了福建化之于中国历史的影响，同时也以人物史的叙述方式生动地展现出中国人文精神的风骨和传统文化的传承。

今天，我们提倡和弘扬社会主义核心价值观，必须从中华优秀传统文化中汲取丰富营养，否则就会缺乏生命力和影响力。“福建历史文化名人丛书”记录了福建历史文化人物的价值观践行轨迹，重温了这批福建历史文化乃至中国历史文化史上重要人物的生命历程，以浅显晓畅、通俗易懂的叙述方式讲述了中华优秀传统文化传承的当代意义，开辟了社会科学知识进入千家万户的新路子。

“最忆市桥灯火静，巷南巷北读书声。”一套好的社会科学普及丛书，总是能带动起读书的风气。将学习作为一种追求、爱好和健康的生活方式，也是“福建历史文化名人丛书”所期望实现的目标。在文字中领略福建地域文化魅力，在阅读中传承传统文化养分，在感悟中提升人文道德情操，社会科学普及丛书的出版，可谓正当其时。

（作者系福建省人民政府原副省长，福建省政协原副主席）

目　录

前言

他文采斐然，风趣幽默，辩才无碍。

他累计长住欧洲达15年。

他是晚清对欧洲极具影响力的外交官。

法国人、德国人、俄国人对他礼敬有加。

罗曼·罗兰称他“非常法国化，但更有中国味”。

德皇弗雷德里希三世、德国铁血宰相俾斯麦都是他的故交。

与他谈判激辩的俄国将军称他是“最有头脑的中国人”。

他精通法语、德语、俄语、意大利语。

他自称是“莫里哀的弟子”。

他用法文发表《中国人自画像》和《中国人的快乐》。

他用法文把《聊斋志异》翻译到欧洲。

他在欧洲不遗余力地宣扬中华文明。

他“是中国文人中以西方语言介绍中国文化第一人”。

法兰西第三共和国授予他“一级国民教育勋章”，他是获此殊荣的第一个中国人。

他谋划成立“台湾民主国”，抗阻清廷出卖台湾，组织军民抵抗日军侵台。

他在华北协助李鸿章疏浚永定河和黄河。

他在上海创办《求是报》，译介西学。

他参与创建新式女学堂和创办《女学报》，提倡中国女性接受现代教育，促进中国男女平权。

他提议“东南互保”，遏制八国联军祸及中国南方。

他参与筹建中国“赤字会”，亲自押送救援物资，深入遍地饿殍的华北，救济惨遭庚子之祸的华北难民于水火之中。

他在南京协助两江总督周馥主持南洋官报局和江楚编译局，大力宣扬西方现代文明，推动中国向现代社会转型。

他博闻强识，贯通中外。

他踌躇满志，却报国志难酬。

1907年1月，他以56岁的盛年猝死南京任上。

这一年，穷途末路的清政府终于下令“预备立宪”。精通国际法、本该在即将到来的“新政”中有所作为的他，却死了，为顽冥难化的清政府送上了末世悲歌。

他是谁?

他是福州人陈季同。

他和严复是同学，都是福建船政学堂第一届毕业生，同为一代精英人杰。

他们从闽江入海口的马尾港走向碧波万里的海洋。

他们胸怀华夏，直面世界，乘风破浪，引领老迈的传统中国走向新生，虽然历尽坎坷，却百折不挠。

110多年过去了，回首百年沧桑，花落春犹在。

拂去历史的尘埃，让我们细细品读陈季同，领略他的生花妙笔、他的胸次怀抱、他的慷慨激昂、他的悲愤无奈、他的流风遗韵……

第一章

年少失怙 书香子弟

陈季同生于名流之家，但父母早亡，家道中落。他天赋非凡，考入马尾船政第一届前学堂。

陈季同，字敬如，又作镜如，号三乘槎客。他生于何时？据李华川博士考证，当在清咸丰二年（1852年）正月二十二日（公历3月12日）。陈季同的家，据福州耆老、已故王铁藩前辈所记，在福州鼓楼区文藻山。陈季同双亲早亡，幸有兄弟三人，大哥陈友如，幼弟陈寿彭，他们仨手足情深。陈季同陈寿彭两兄弟赖长兄陈友如和长嫂叶氏扶持，相依为命，文藻山的住所应该是陈家世居之地。文藻山在今天福州杨桥路北、通湖路东、孙老营南，这里的老房子一般坐北朝南，北向推窗远望，西湖湖光山色尽收眼底；南有文藻河蜿蜒东流，凭轩眺望，隔着三坊七巷，扑面而来的便是山色苍翠的名山胜境乌石山。1889年，陈寿彭出使欧洲归来，购书数千卷，在家中“置书窟”，和夫人薛绍徽日夜偕读其中。陈薛的“书窟”名为“小黛楼”，“屋后小楼三间，楼门正对乌山，左旗右鼓，拱揖其旁。”可见陈家在文藻山的祖居也是风水宝地。林则徐中年后便在此地购一老宅，名为“云左山房”，将他起居藏书之楼称为“七十二峰楼”。1849年林则徐告老返乡，便是入居此处。如此说来，陈季同陈寿彭的老宅或与林则徐为邻。云左山房中挂有林则徐手书楹联：“海纳百川，有容乃大；壁立千仞，无欲则刚。”清末凡是福州士子，从小都受开眼看世界的左海伟人林则徐的影响。陈季同自然也是在林公精神熏陶下成长的一代新锐。

陈季同双亲早亡。他的父母双亲具体是谁，目前无确考。但是，他的侄子陈锵、侄女陈莹、陈芷记载称，1880年，年仅15岁的薛绍徽嫁给比她大10岁的陈寿彭。新婚之夜，陈寿彭拿出他家里珍藏30多年的“诗钟”，与前来贺喜的亲友宾齿录：科举时代同登一榜的人，各具姓名、年龄、籍贯、三代，汇刻成册，叫作齿录。

客“就洞房作诗战”，通宵达旦十多天。陈季同的父亲本是福州文人雅士，和他的文友们结“飞社”，“飞社”社友们时不时云集在福州西湖宛在堂玩诗钟游戏，填诗唱和，他们都是当地享誉一时的名流胜选，比如谢枚如、张亨甫、徐云汀、刘赞轩、刘鸿图等。陈家子侄称呼刘赞轩刘鸿图为“两舅祖”，可见陈季同的母亲出自刘家。而陈季同的原配夫人也是刘氏，陈家与刘家至少两代姻亲。由此推断，因为陈季同父母早逝，作为陈季同的舅舅，在船政帮办的刘鸿图对陈季同陈寿彭俩兄弟考进马尾船政应该是有帮助的。据此可以推测，陈季同父亲是福州的风雅才士，因为早逝，家道中落，陈季同和陈寿彭才先后入学马尾船政学堂。

谁是陈季同的父亲？依然是个谜。根据陈寿彭参加科举考试的齿录，只记载四个字“父号子周”。

这个陈子周先生是否与清末福州名士陈遹祺有关联呢？陈遹祺，字子驹，同治六年（1867年）丁卯科副贡第一名，工词善画，有《双邻词钞》。民国《福建通志·文苑传》记载：子驹“意态嵚崎，工词善画。兄弟八人皆嗜酒”。子驹酒仙八兄弟，竟然因喝酒“岁縻千金”，把家里的产业云林阁纸业和商铺云锦庄绸业喝个精光，以至于“亏累易主”。陈遹祺并非流俗中人。谢章铤在《赌棋山庄词话》中说陈遹祺“生业本裕，又年少多才，既而累不第，家亦落，摧残不自得，逃于酒人，卒以此殒其生。”谢章铤并称赞陈遹祺“诗文清丽，兼工绘事，跌宕酣嬉，见之俗情自远。”那么，陈季同陈寿彭的父亲“陈子周”，是不是陈子驹的八个嗜酒兄弟之一呢？如今无法断言。不过，陈季同的父辈定是文采风流，陈季同也得父辈真传，天分甚高，《福建通志》列传中记载陈季同“少孤露，读书目数行下”，可见他天赋非凡。

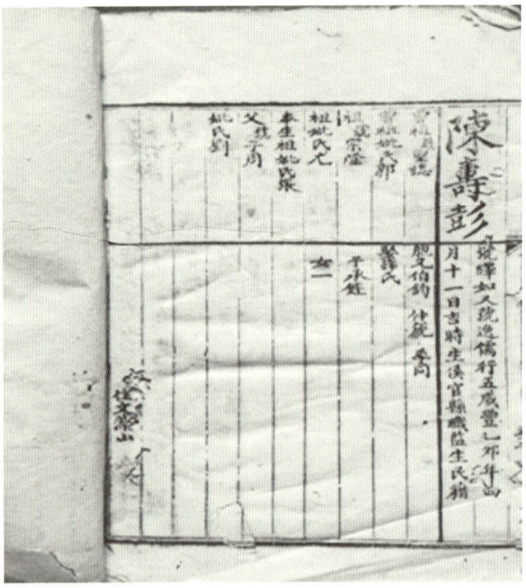

《陈寿彭乡试齿录》

1866年陈季同才十四五岁，因父母双亡，家道中落，当即报考了刚刚成立的马尾船政学堂，被招为船政第一届前学堂制造专业的学生。大约在1875年前后，陈寿彭年约20岁，也考入马尾船政第三届后学堂，学驾驶与管轮专业，并于1879年毕业。如果不是家道中落，当时的书香世家或中产以上士绅家庭的子弟，总是以参加科举、博取仕途功名为第一要务，断不会进入刚刚创办的马尾船政学堂，去学习陌生的西洋新鲜事。1889年秋，从欧洲归来的陈寿彭还是参加了科举秋闱考试，中副榜第八名，此后到1896年，他多数时间在福州“与诸名士联诗会、画会、酒会，常醉归”。大约在陈寿彭中副榜后，携妻薛绍徽拜祭其父母之墓。薛绍徽有词《惜黄花慢·随绎如夫子展翁姑两大人墓》写道：“高秋风木叫慈乌，剩孺子、终身思慕。……今朝盥栉敬随夫，奈继志、可堪迟暮。”陈寿彭夫妇要继承父辈的什么“志”呢？应该还是文采风流之志。薛绍徽与陈寿彭夫唱妇随，相敬如宾，她曾经不惜拿自己的金手镯换买陈寿彭喜欢的经陈寿祺批校的十七史，并题诗寄望陈寿彭“应知左海文章尽，大雅扶轮总望君。”可见，陈季同陈寿彭兄弟俩文采斐然，不仅家学渊源有自，而且还致力于继承父志，克振家声。

总之，我们如今虽不能确认陈季同陈寿彭父亲的大名，但是，陈老太爷原本家境富裕，并且诗文风流，是“飞社”社友，家藏诗钟，与闽都名士吟诗唱和于西湖宛在堂，父辈的流风遗韵终于在陈季同陈寿彭兄弟身上发扬光大，陈老太爷即便埋名于黄尘，也一定含笑九泉了。

第二章

船政翘楚 风流使者

陈季同在马尾船政学堂刻苦学习，成绩优异，毕业后多次前往欧洲学习考察。他精通外语，熟悉对外交涉律例。作为早期的中国外交官，他努力成为中西文化交流的桥梁。

鸦片战争以后，林则徐意识到中国如果不学习西方，没有“船坚炮锐”的先进水师，就无法免于被动挨打的命运。即便因禁烟而被降职流放，林则徐依然不计个人荣辱安危，上疏清廷，请求加强水师建设。他重视海防的理念直接影响了魏源和左宗棠。魏源提出“师夷长技以制夷”。1850年1月3日，告老回乡养病的林则徐途经长沙，在湘江船上就东南海防和西北塞防问题与左宗棠促膝长谈，中国东南沿海和西北边疆的国防安全问题，成了林则徐临终都无法释怀的忧虑。1862年左宗棠升任闽浙总督，1866年6月25日，他上疏清廷，请求设置船政局监造轮船，培养海上军商两用人才。7月14日，清廷以罕见的高效率批准左宗棠的奏请，8月19日，左宗棠前往福州马尾，选定船政局地址。时逢新疆叛乱，左宗棠调任陕甘总督，他向清廷推荐了在家丁忧的江西巡抚沈葆桢出任总理船政大臣。沈葆桢是林则徐的女婿，为官清正刚毅，勇于任事，敢于作为，其道德事功堪称是林则徐的传人。福州船政局（亦称马尾船政局）在沈葆桢的主持下正式开工，成为中国第一个新式造船厂。

1866年12月23日，船政求是堂艺局（后称“船政学堂”）首批招生105人，十五六岁的陈季同和严复等都成了船政首届学生。船政学堂为学生提供了较好的生活保障，但对学生的学业要求非常严格，只有端午、中秋和春节短暂的假期，其他时间一律在校学习，其校规明确规定：“每日晨起、夜眠，听教习、洋员训课，不准在外嬉游，致荒学业；不准侮慢教师，欺凌同学。”船政学堂高薪聘请了法国人日意格等担任洋教习，并用法文、英文教材，前学堂学习制造船舰炮弹，后学堂学习驾驶船舰、使用炮弹等，前学堂以法语教学为主，后学堂以英语教学为主，这为陈季同、严复日后分别成为法语社会和英语社会的外交人才和译界名家奠定了扎实的基础。

在当时，科举取士依然是人生努力的正途。首届报考船政的年轻学子，多数家庭经济较为拮据，譬如严复就是因为年少丧父、家贫难以为继，才不得已投考船政。林泰曾是林则徐的侄孙，因为年少父母双亡，家中贫寒，也只好报考船政。陈季同投考船政，很重要的原因是：他家正处于家道衰落之中，恰好其舅刘绍纲（字鸿图，或作云图，又字健为）协助沈葆桢办理船政，就介绍他报考了该校。亨利·比卢瓦在《陈季同将军》中写道："有一次，他去看望住在福建船政局的叔父。到达以后，他得知次日将进行一次考试，招收由中国官方出资创办的欧式学堂的学生。没有任何犹豫，陈季同即报名参加。他顺利通过了考试，并立即被福州船政学堂的法文学堂录取。这次精彩的开始为他的人生指引了方向，也预示了他日后取得的巨大成功。"这里的"叔父"应该作"舅父"，西洋文字中叔父、舅父是同一个单词，中文译者误以为是"叔父"，其实是"舅父"刘鸿图（绍纲）。

经过在船政学堂五六年的艰苦学习，陈季同以优异的成绩提前毕业。陈季同的语言天赋和办事能力得到沈葆桢的赏识，他被留在船政办公所任翻译。

1873年底，清政府打算向欧洲各国派驻使节，决定先派员赴欧洲考察。沈葆桢保荐陈季同以都司衔随船政洋监督日意格赴欧，陈季同和同学魏瀚、陈兆翱、刘步蟾、林泰曾一起跟随日意格前往欧洲，他们先后考察了英国、法国、德国和奥地

利。第二年回国后，陈季同将在欧洲四国的所见所闻写成《西行日记》四卷，向国人较为全面地介绍了这四个国家的风土人情和制造业、海防建设等。随后，沈葆桢再次保举他升为参将加副将衔。

1875年3月7日，陈季同再次随日意格等人到英国和法国，考察并采购挖土机船、钢材和新式轮机等。1876年4月陈季同回国后，兼任前学堂法文教习。此时，陈季同年方二十五六岁。可以看出，风华正茂的他已被沈葆桢垂青并加以培养和提携。沈葆桢努力把他培养成中国精通船政和洋务的后起之秀。

1877年1月13日，李鸿章、沈葆桢奏请选派马尾前后学堂优秀学生30人，分赴英法两国留学，期限三年，以李凤苞、日意格为监督。陈季同依然以文案随员的身份赴欧，与严复、罗丰禄、罗臻禄、刘步蟾、林泰曾、方伯谦、叶祖珪、何心川等人一起乘坐马尾船厂自己制造的“济安轮”赴香港，转乘外国轮船到欧洲。这是船政第一届出洋留学生，陈季同成为中国第一批海军留学生。陈季同此番不仅以留学生身份赴欧，同时还兼任监督李凤苞和日意格的文案，这是因为他的文字写作能力得到沈葆桢的认可。5月，陈季同一行抵达法国，他和随员马建忠一起被清廷要求“俱入政治学堂，专习交涉律例等事”。他一边在巴黎政治（法律）学堂学习外交与国际法律，一边协助李凤苞处理留学生事务，并负责翻译法文文牍等。

李鸿章和沈葆桢要求陈季同在欧洲学习“交涉律例”，他们有意培养陈季同成为中国与国际接轨的外交人才。陈季同学习的课程包括交涉、公法、律例、格致、政治、文辞等，李鸿章甚至要求陈季同兼习英语，陈季同本来就有非凡的语言天赋，所以，他除精通法语外，还“兼习英德罗马腊丁各种文字”。大约一年后，陈季同就完成了修学的课程，获得巴黎政治（法律）学堂学士学位。

1877年1月21日，中国历史上第一个派驻欧洲的使节郭嵩焘抵达伦敦，郭嵩焘作为出使英国大臣，兼理法、德等欧洲大陆国家的外交事务，陈季同因此时不时随同郭嵩焘往返巴黎伦敦之间。1878年10月31日，李凤苞被任命为署理出使德国大臣，调陈季同随行，陈季同从此兼任驻德公使馆文案随员，随李凤苞拜访了各国驻德公使。

1879年初，赏识陈季同的郭嵩焘在排斥西方的副使刘锡鸿的掣肘下，被迫去职回国。同年底，有意栽培提携陈季同的沈葆桢病逝在两江总督任上，这为陈季同的未来发展埋下了不利的因素，但当时年轻气盛的陈季同未必感受得到。

4年后，即光绪六年（1880年）12月18日，船政衙门上奏，请求朝廷对船政留学毕业生和管理留学事务的人员进行奖勉。这份奏折中称赞陈季同“专译法文函牍，兼习律例公法，颇称熟悉”。1881年正月，陈季同因工作出色，由都司升任游击，加副将衔。

1882年，31岁的陈季同已经在驻德使馆任职5年。8月，他告假回国6个月。1883年4月，陈季同在天津向李鸿章述职。这期间，他回到福州与家人团聚，并修葺双亲的墓园。1883年7月，他结束休假，离开中国，返回欧洲。自1877年第三次到欧洲，至1891年4月离开欧洲回国，陈季同前后长住欧洲达15年，不仅历

练成卓有声誉的外交官，而且还成为中西文化交流的明星，为向欧洲传播中国优秀文化作出了非凡的贡献。这一时期，陈季同可谓春风得意，踌躇满志。

广交朋友，崭露头角

陈季同在欧留学兼工作期间，郭嵩焘评价他“酬应明干”。他负责翻译文案，有机会随同郭嵩焘、李凤苞出席各种公私场合，进行交际活动，迎来送往。在巴黎一年学习期间，他先后参与了递交国书、到法国外交部呈送清廷照会、观看阅兵式等活动，甚至还以武官身份和各国驻法武官一起佩刀骑马参加规模盛大的阅兵活动。他陪同郭嵩焘经比利时前往德国克虏伯兵工厂参观，还观光了万国奇珍会（博览会）、兵器博物馆、天文馆、矿务学堂等，领略了欧洲日新月异的创新进取精神，眼界大开。

陈季同善于交际，热心学习欧洲文化，努力融入欧洲社会。他凭着娴熟的法语和良好的学养，结识了后来任法国外交部长的雷波教授、律师福果阿芒等。通过与自己的法国老师茀果、得干尼等人的交往，他又结识了化学教授得那阿，这位化学教授热情地为陈季同开出了法国在文理工矿以及海陆军各领域的著名专家学者11人名单，为郭嵩焘在欧洲建立外交关系提供了便利。陈季同本人也因此与法国外交界、学术界、文艺界建立了联系，这为他日后跻身欧洲上流社会奠定了良好的人脉基础。

郭嵩焘评价陈季同“活泼，可以泛应世务。再能历练官常，中外贯通，可胜大任矣”。果然，陈季同以其活泼幽默通脱的性格，很快就赢得欧洲上流人士对他的好感。他曾与一位波兰公爵夫人打交道，这个贵妇人养了一群狗，担心中国人抓她的狗杀了吃，陈季同耐心幽默地消除了她的偏见，他回忆道：

> 1878年春间，中国使馆在巴黎始建，我接待的第一个来访者是个仆人，一位波兰公爵夫人派他来与我交涉。她在家中养了十余只中国小狗，每个人都认识这些无毛小哈巴狗。公爵夫人对它们宠爱有加，害怕中国侨民会吃了它们，她惠书声言：如果将来她的某一只爱犬成了盘中餐，她就要放火烧了中国使馆所在的饭店。我向这位老公爵夫人保证，我所有的同胞都不是恨狗者，而如果有一天，她的某只爱犬突然失踪了，在蓄意纵火之前，她最好还是先去警察局找失物招领处的工作人员。

在协助李凤苞出使德国期间，陈季同在柏林的社交活动更为频繁，他甚至加入了以各国驻德武官和柏林官绅为主要成员的社团组织“噶西努会馆”，并与德皇弗里德里希三世结交。同时，他还不时往返于柏林巴黎之间，打理照料船政留学生。

1879年，28岁的陈季同以武官身份随德皇在柯尼斯堡、斯特丹等地阅兵，并与俄国将军斯克伯勒夫讨论喀什和伊宁问题。这年10月，清廷派徐建寅任驻德使馆参赞。陈季同随后陪同徐建寅参加了德皇举办的宫廷舞会，并会见了德国代理外交部部长、美国公使夫人、奥地利公使夫人等。

陈季同天分极高，博学强记，且口若悬河，辩才无碍，风流倜傥，交友广泛，所以，才到三十而立之年，就已经与德皇弗里德里希三世、“铁血宰相”俾斯麦等人建立了友谊。他甚至

陈季同官服像

可以和德皇一起骑马散步，讨论共同感兴趣的社会科学、经济、政治、文学艺术等方面的话题。因为参加德国阅兵，他又结识了奥地利皇帝。在法国，政治家甘必大、政界要人贝当、特那尔男爵、经济学家勒普来、剧作家拉比什等和陈季同都有交往。甘必大对陈季同的影响较深。他对这位年轻的中国外交官非常赏识，经常邀请陈季同出席他的政治沙龙，并愿意倾听陈季同发表的涉及政治、文学以及哲学的各种见解。借助于甘必大这位法兰西第三共和国缔造者的青睐，陈季同结交了巴黎的众多名流，并对西方民主共和政治有了深切的了解。

1881 年，陈季同由柏林调往伦敦中国使馆任临时代办。同年七八月间，陈季同随李凤苞出使奥地利、荷兰、比利时三国，晋见了奥皇和荷兰国王。奥皇回忆起去年参加德国阅兵时结识陈季同的情景，对两人再次会晤十分高兴。年底，清廷考评陈季同在欧洲“精勤奋勉”，办理涉外事务“异常出力”，晋升陈季同为参将并赏戴花翎。

1882年夏天，陈季同在驻欧洲5年后，请假回国半年，然后再度返回欧洲。此后两三年间，中法关系一度破裂，中法在越南、福州等地开战，陈季同奉李鸿章之命，为重建中法之间的外交关系做了许多努力，这留待后文叙述。

妙笔生花，文艺外交

1884年前后起，为了将中国的古老文化传播给欧洲人，陈季同开始在外交生涯中发挥他的文学艺术天赋。有人说在陈季同之前，欧洲大陆的“中国使馆形同虚设，仅仅充当一个拖着长辫、身穿蓝袍、头皮光光的大人物（指中国的出使大臣）的住宅。从外交角度坦率地说，因为有了这个年轻翻译的活动，中国才开始在欧洲崭露头角”。中国这个老大帝国积极正面的形象很大程度上是因为陈季同的生花妙笔和他口吐珠玑的风流文采得以在欧洲建构起来的。1884年至1891年，他至少以法文或英文、德文发表了如下5种关于中国的著述。

其一，是他与法籍雇员蒙蒂翁合作撰写了《中国人自画像》。陈季同在这本书中，从家庭、宗教与哲学、婚姻、离婚、妇女、书面语言、社会阶层、报刊和舆论、谚语格言、教育、祖先崇拜、劳工阶级、古典诗歌、福州船政局等多方面介绍中国的历史和现状，对中欧社会和东西文化的异同进行了细致入微的比较分析，为中国文化进行了机智幽默的辩护。“此书是中国人直接用西文创作、描述中国社会

《中国人自画像》

生活的最早著作。在一定程度上，《中国人自画像》可以说是中欧文化交流史上的一个分界线，从此以后，才不断有中国人的西文著作在欧美引起轰动。”这本书1884年在巴黎卡尔曼·李维出版社出版，一年之内6次重印，至1896年已出至11版，并于1890年和1896年先后被译成英文和德文，分别在英国和德国出版。该书在欧洲产生了广泛且持久的影响。其不同凡响的轰动效果，使陈季同在欧洲文化界声誉日隆。他的生花妙笔吸引了欧洲各界对中国的兴趣，激发了欧洲人对中国文明的喜爱和尊重。

其二，1886年，陈季同又与蒙蒂翁合作，在巴黎出版了《中国人的戏剧——比较风俗研究》。这部书是关于中法文学、戏曲、风俗等比较研究的著作，被誉为“应是中国人以西方方式论述中国戏剧的第一部著作”。该书一年之内印了3次，在法国文艺界受到好评。

《中国人的戏剧》

其三，陈季同选译了中国古典名著《聊斋志异》中精彩的26篇故事，译本定名为《中国故事》，于1889年在法国出版。该书是陈季同的第一本译著，一样广受欧洲读者的追捧，一年之内至少重印了3次，并在1900年被译成意大利文在罗马出版。

其四，1890年，陈季同在巴黎出版了《中国的娱乐》（即《中国人的快乐》），介绍中国人的日常起居生活、节假日和休闲时光，欧洲媒体称誉此书“优美而幽默”。此书在1895年被译为英文，书名为《中国拾零》，在伦敦出版。

其五，1890年11月，陈季同在巴黎出版了他创作的唯一一部长篇小说《黄衫客传奇》。他以唐传奇《霍小玉传》为蓝本，进行再创作，将仅有4000多字的传奇演绎成了洋洋洒洒的鸿篇巨制，是中国第一部效仿西方小说文体的作品，对中国现当代小说的发展起了重要的示范和推动作用。

此外，1891年，陈季同还在巴黎出版了描写巴黎生活的著作《一个中国人笔下的巴黎人》。这本书与他此前的著作不一样。此前，他出版的书籍以介绍中国社会文化风土人情为主题，这本书却是以一个中国人的视角对他亲身经历的异国风俗加以评价。

作为一个中国外交官，为了矫正欧洲人对中国的偏见，陈季同竭尽全力用他的笔墨和口才在欧洲讲述中国故事，传播中国声音，建构中国的美好形象。巴黎是个热情洋溢的浪漫时尚之都，陈季同著译的一个特点是：入乡随俗，用情节跌宕起伏的爱情故事、日常生活中的悲喜剧来吸引欧洲的读者或观众。比如，他精心挑选翻译的《中国故事》，就是取材于《聊斋志异》中脍炙人口的佳作，各篇的主人公多是美丽、善良、聪慧的女子，故事情节起伏曲折，他的译笔细腻生动，著名法国作家法朗士称赞该书“比以前的所有同类翻译都要忠实得多”。

在《中国人的戏剧》一书中，陈季同将《琵琶记》《赵氏孤儿》《铁拐李》《看钱奴》《来生债》等中国著名元杂剧介绍给法国读者。舞台戏剧演出本来就是欧洲人较为喜爱的艺术，陈季同将中国最经典的元杂剧与欧洲舞台剧进行了深入细致的对比，

指出中国戏剧有大众化平民化的特征，而欧洲舞台剧则多表现达官显贵附庸风雅的一面；认为中国戏剧在舞台表现上是“虚化”与简约的，留给观众极大的想象空间，西方戏剧舞台的布景则较为“写实”与繁缛等。该书中的许多观点至今读来依然令人深感精当中肯。

在《中国人的快乐》一书中，陈季同细致描写了中国人的日常生活和节假日的人情习俗。他从中国人的居室写起，介绍了中国的龙舟节（端午节）、中秋节、灯节、双星节（七夕）、元旦、春节等传统节日，叙述了中国人郊游休闲、手工园艺、狩猎垂钓等游戏娱乐，描绘了赛诗、下棋、美食、变戏法等中国人家庭生活的丰富多彩和公共活动的闲适快乐。

作为客居异国他邦的外交官，毋庸讳言，陈季同的笔下有不少描写中国的溢美之词，这充分体现了他对自己国家的文化与文明有高度自觉的自信。即便如此，他对欧洲文明同样保有热情和尊重。譬如他称赞巴黎拥有向公众开放的公共图书馆，而中国皇家藏书只向少数人开放，他对如此陈旧的中国藏书文化观念提出了批评。

陈季同不仅文笔精彩美妙，而且口才也令人折服。俄国哲学家索洛维也夫于1888年5月18日在巴黎亲历了陈季同的演讲，他写道，陈季同以纯粹的法语说道：“我们准备并且有力量从你们那里拿走一切我们所需要的东西——你们的精神和物质文化的全部技术；但我们却不要你们的任何信仰、思想或者爱好，我们只相信自己并且推崇强力。我们从不怀疑我们的力量，它比你们的力量更强大。你们在无休止的试验中弄得筋疲力尽，而我们却利用你们的试验成果来加强我们自己。我们很高兴你们取得的进步，但我们不积极参与；我们不需要这样做，你们自己已经为我们准备好了一切征服你们所需要的手段。”重读一百多年前陈季同的这段咄咄逼人的演讲，回首中国一百多年来的发展历程，或许能有一番深入的思考。

但多数情况下，陈季同的演讲和他的著述一样，是风趣幽默的。1889年2月18日，38岁的陈季同在巴黎索邦大学演讲。23岁的罗曼·罗兰聆听了他的演说，在日记中记述了当时的情景。他写道，陈季同“身着漂亮的紫色长袍，高贵地坐在椅子上。他有一副饱满的面容，年轻而快活，面带微笑，露出漂亮的牙齿。他身体健壮，声音低沉有力又清晰明快。这是一次风趣幽默的精彩演讲，出自一个男人和高贵种族之口，非常法国化，但更有中国味。在微笑和客气的外表下，我感到他内心的轻蔑，他自知高我们一等，把法国公众视作小孩。……听众情绪热烈，喝下全部迷魂汤，疯狂鼓掌。……在今晚的4个讲演者中，无疑，伏尔泰会觉得这个中国人是最有法国味的。”

作为年富力强的外交官，陈季同深知自己代表中国，他时刻都在努力用自己的一言一行彰显和维护中国高贵和强大的形象。他也做到了。他通过著述翻译和演讲等，努力让许多欧洲人更为全面深入地了解中国，消除对中国的傲慢和偏见。陈季同以文艺为载体，提升了中国在欧洲的外交影响力，他的文艺外交成就受到法国文化界的高度评价。法兰西第三共和国在1885年8月授予

他“一级国民教育勋章”，以表彰他推动中法文化交流的卓越贡献，他成为获此荣誉的第一个中国人。

1891年陈季同回到中国以后，欧洲依然在出版他的著作。1892年2月，巴黎出版界将他在欧洲撰写的11篇文章结集为《吾国》一书出版，具体篇目为：《中国的社会组织》《中国的圣女贞德》《中国士子》《浒国夫人传》《中国旅行记》《中国的益虫》《中国的商业教育》《中国的犹太人》《中国的水利》《都察院》《万国博览会的中国馆》。这其中最重要的一篇是《中国的社会组织》，文章高调赞美了以孝为基础、以家长制为核心的中国家庭式社会组织结构，认为中国文明较为平和，西方文明较为狂热冲动。《吾国》一书很能体现陈季同不仅有高涨的爱国热情，而且还擅长用西方人喜欢的视角讲好中国故事，当然这其中不乏他对中国历史中的消极面如连坐、纳妾、溺婴等进行刻意维护的地方。1895年，伦敦出版界再版了他的《中国人的快乐》一书的英译本，改名为《亲亲》（或《君子家居》）。1900年，陈季同用英文与格雷合著《中华帝国的古今》一书，由美国芝加哥麦克纳利出版社出版。1904年，上海的东方出版社出版了陈季同用法文撰写的独幕轻喜剧《英勇的爱》。陈季同对戏剧艺术非常着迷，自称是“莫里哀的弟子”，在欧洲时经常出入剧院，与擅长创作轻喜剧的法国剧作家拉比什结交，这是他用西方戏剧形式表现中国故事的一次尝试。作品刻画了一个中国传统贞洁女性的形象，向西方宣扬中国传统的纲常伦理。他一改中国传统戏剧以演唱为主的表演模式，替之以西方话剧的对白形式，用新瓶装了旧酒，努力让东方文明更容易被西方人理解和接受。

总之，不管他是否在外交官的位置上，不管是出使欧洲，还是回到中国，陈季同始终努力用著述和演说讲好中国故事，传播中华文明，为促进东西方之间相互了解、沟通和融合作出了非凡的贡献。

第三章

潜流暗涌 身陷囹圄

由于陈季同西化的作风，他受到清政府守旧官员的排挤，仕途不顺。再加上他交游广泛，开销无度，陷入债务危机，回国即被逮捕。经亲戚与朋友多方设法，终获自由。

陈季同性格豪爽通脱，不拘小节。在驻欧使馆中，他并不是中方外交事务的主要负责人，但因为他的外交能力和跨文化交流水平，他赢得欧洲上流社会的信任和亲近。早些时候，他主要协助郭嵩焘、李凤苞处理外交事务，郭、李二人有意栽培提携船政毕业的年轻后进，对陈季同、严复等人充分信任和爱护，所以，陈季同外交生涯的起步阶段可谓顺风顺水。但1879年10月，徐建寅到任驻德使馆参赞后，情况有所变化。徐建寅本来就对船政毕业的陈季同、魏瀚等“年少学生”不以为然，对李凤苞授权陈季同、魏瀚等人负责在欧洲监造购买铁甲舰一事更不放心，多次私下向李鸿章状告李凤苞和陈季同等人。而陈季同在日常场合西化的率性行为，又招致徐建寅的忌恨。1880年底，陈季同陪同大使李凤苞、参赞徐建寅去德国皇宫出席音乐会，陈季同起初以为自己无票也可入内，发现情况不是如此后，又自认为不懂西文的徐建寅未必对音乐会感兴趣，就将徐的票取去自用，这让徐大为光火。这时的陈季同大约因为长期习惯于随从李凤苞，浑然忘却了参赞徐建寅，而徐建寅本来就对他们深为不满，这个不算太大的事情加深了他与陈季同的隔阂，他在李鸿章那里狠狠告了陈季同一状，迫使李鸿章不得不写信给李凤苞，告诫李凤苞道：“该学生等虽相从多年，切不可信之太深，不加督责也。”

如果说与徐建寅的摩擦尚是小事，因为大使毕竟是李凤苞，陈季同并没有感觉到这当中的隐患，那么，随后新任驻法大使曾纪泽在处理对法事务上与陈季同有所分歧并对他产生不满，就预示着陈季同的外交生涯将出现波折。1890年，薛福成继任驻法大使后，陈季同迅速遭到身陷囹圄的变故，并因此终结了他的外交生涯，其实从徐建寅到曾纪泽再到薛福成，这样的结局是有迹可循的。在晚清与西方的接触中，无论徐建寅，还是薛福成或曾纪泽，他们都对从小修习西方文化和技艺、浸染着欧洲文明成长起来的精通西学的船政青年后进抱有疑戒之心，这是陈季同、严复等船政留学生后来无法在中国社会现代变革中发挥更重要作用的历史宿命。

1882年，陈季同请假回国半年。此时的中法关系正暗流潜涌。法国一心想把中国的属藩越南变成它的殖民地。陈季同回国途中经停西贡，法国西贡总督得飞赖邀请陈季同宴饮。1883年3月，陈季同回到天津，向李鸿章述职。5月，刘永福率“黑旗军”大败法军于河内附近纸桥，击毙法军司令李维业，中法紧张关系升级。

李鸿章授命陈季同回到巴黎，加紧搜集关于越南问题的情报。此时，中国驻法大使是曾国藩的儿子曾纪泽。自首任驻英法公使郭嵩焘在1878至1879年间被迫辞职回国后，清廷就派曾纪泽接替了郭嵩焘。曾纪泽性格刚直，作为驻法公使，此时已经与法国交恶，很难与法方作进一步的磋商，所以，李鸿章秘密授权陈季同到巴黎进行非官方的接触斡旋。

1883年7月16日，陈季同到达巴黎，先去使馆拜见了曾纪泽。随后数天，他连续与法国朝野各界名流接触，了解法国人对越南的态度，分析有关情报，对中越之间局势的发展深为忧虑。但是，他依然努力设法弱化法国人的强硬立场。在参加法国副将马里富家茶会时，他又遇到刚卸任不久的得飞赖，两人辩论越南问题，得飞赖认为两国应以实际利益为重，陈季同则答之以

“公法为先，利益为次。”得飞赖又说，中法开战，“恐非中国之利”。陈季同回答说：“一旦开兵，中国与法国主客劳逸之势不同，殊未知鹿死谁手。君以为法国能操必胜之券，未免大言欺人。”中法后来在越南交战，军事上法国并未得胜，可见陈季同的判断并没有错误。但清廷因为自身面临太多困难，所以并不想与法国交战，陈季同奉李鸿章之命，希望能够通过外交斡旋，争取法国各界的支持，避免两国走向战争。在见过得飞赖后的次日，他又和自己的老师日意格共进午餐，日意格反对法国吞并越南，主张中法友好。随后，陈季同拜见法国总理茹费理，与他就越南问题进行辩论。陈季同不卑不亢地提醒法方注意中国对越南的管属权，指出法国在越南的行动必须与中国协商。随后，他又与法国外长沙梅库见面，强调法国应尊重中方利益，指出如无中方协作，法国也难以实现其在越南通商的目的。沙氏听后表示愿意通过协商解决问题。接着，陈季同指出，法国驻华公使脱利古在中国与李鸿章会谈时，态度傲慢，这极不利于两国协商。后来，法国接受了陈季同的意见，撤换了驻华公使。

陈季同还在巴黎拜访了葛拉乃议员、德理文侯爵、莫拉大臣等，连日和法国各界频繁接触，甚至打探到法国在越南的船舰和兵员数目等，向李鸿章及时禀告。尽管法国内部也有一些人不赞同法中开战，但陈季同从法国海军部的电报中，还是觉察到中法之间很快会交锋，因此深表忧虑。此时，曾纪泽作为驻法公使，对中法越南争议提出四条强硬的应对措施，主张“坚持不让”，“一战不胜，则谋再战；再战不胜，则谋屡战”。显然，曾纪泽坚决主战的策略与李鸿章力图调停以避战的策略大相径庭。法国报纸此时又纷纷报道陈季同与法国政要会晤的新闻，曾纪泽认为陈越权干扰他的对法强硬主张，对陈季同在巴黎的作为十分不满。陈季同在巴黎完成李鸿章交付的使命后，立即回到中国驻德使馆。他将在巴黎搜集的情报以《巴黎半月密记》的形式火速报告给李鸿章，李鸿章在9月底将这份情报呈送到了清廷的总理衙门。

1883年12月，法国对华强硬派人物、远征军总司令孤拔率军攻打驻扎在越南山西的清军和黑旗军刘永福部，中法战争爆发。以慈禧为首的清廷依然期冀媾和，改由许景澄接替曾纪泽出任使法大臣，并升任陈季同为驻法使馆参赞，获总兵衔。在许到任前，驻德公使李凤苞暂署驻法公使职。陈季同在1884年4月底随从李凤苞从德国启程赴巴黎。6月，法军在越南谅山被中国守军击败。陈季同随李凤苞8次赴法国外交部与茹费理辩论谅山事件，讨论双方撤军、赔款等事宜。7月初，中法谈判破裂。李凤苞等人离开法国，陈季同一度留在巴黎“改装密探”，不久也离开法国回到驻德使馆。此后，他又游历考察了瑞士、德国、奥地利、比利时、荷兰、英国、瑞典等国。

孤拔见在陆地上与中国交战胜算不大，于是率舰队到台湾福建沿海寻找侵犯中国的机会。7月， 孤拔率领远东舰队主力以“游历”为名强行进入福州马尾军港。福建船政大臣何如璋和会办福建海防大臣张佩纶等接到清廷旨意，“严谕水师，不准先行开炮，违者虽胜亦斩。”8月初，法军袭击台湾基隆，被中国守军击退。8月23日上午8时，法军向闽浙总督发出通牒，但清廷竟然对福建水师官兵封锁消息，不准水师“轻举妄动”，寄希

望于乞求法军延期进攻。中午，法军利用落潮的有利时机对马尾港的福建水师发起攻击。遭到突然袭击的福建水师对法国军舰展开英勇还击，但由于未作任何军事准备，加上装备落后等原因，多数军舰未及起锚就被法国军舰击沉。海战不到30分钟，福建水师兵舰11艘中“扬武”“济安”“飞云”“福星”“福胜”“建胜”“振威”“永保”“琛航”9舰被击毁，另有“伏波”“艺新”两舰自沉，多艘运输船沉没，官兵殉国逾760余人，福建水师几乎全军覆没。而法军仅5人被击毙，15人受伤。海战中，法军还趁机摧毁了马尾造船厂和两岸炮台。

马江海战惨败，激起国人极大愤慨。8月26日，清政府被迫下诏，向法国宣战，中法战争正式宣告爆发。10月，法舰再次进犯台湾淡水，被守军再次击退。1885年2月，法军进犯中国西南边境重镇镇南关（今广西友谊关）。3月，年近70岁的老将冯子材在镇南关率领中越两国军民大破法军，乘胜收复谅山等地。而同一时期，奉清廷之命，陈季同通过蒙弟翁的协助，正与法方代表秘密谈判，谋求尽快结束中法战争。2月23日，驻法大使许景澄及其前任李凤苞同意次日派陈季同参加与法方代表的谈判。26日，谈判达成一致，许景澄当日发给李鸿章和北京的电文说：“我已得到确切消息，法国政府准备不再要求赔款，赔款将被一份附加特别条款的商务协约及和约所取代。敬候指示。”3月3日，陈季同转告蒙弟翁，已经收到天津李鸿章的来电，中法双方将以2月26日电报内容为基础在北京继续谈判。此后，陈季同赴意大利罗马考察。

由于中方在镇南关大获全胜，法国茹费理内阁因战败而倒台。1885年6月，在此前陈季同与法国人谈判的基础上，李鸿章与法国代表在天津订立了中法《会订越南条约》，中法停战。冯子材气愤之极，打电报给两广总督张之洞，请张之洞上奏“诛议和之人”。冯子材不知道，“议和”之主就是以慈禧为首的清廷。

中法停战后，陈季同回到巴黎，希望能出任清廷驻法专使，但未能如愿。1886年2月，日意格病逝。陈季同出席了恩师的葬礼，发言缅怀日意格为中国船政学生留欧使团所作出的贡献。陈季同与日意格师生情深，他在1884年出版《中国人自画像》，便将此书题献给日意格。

1886年3月14日，李鸿章与两江总督曾国荃、署船政大臣裴荫森联名保荐陈季同为总兵，保荐的理由是陈季同在管理船政第二届出洋生徒工作中“尤为出力”，但这一举荐未获批准。陈季同仕途不顺已现端倪。

屋漏偏逢连夜雨。这年5月，陈季同与他著述的合作人蒙弟翁的友谊出现危机。蒙弟翁受过良好教育，20岁已是比利时王子家的家庭教师。1877年中国船政学生留法后，蒙弟翁成为马建忠和陈季同的法文教师，1880年被聘为中国驻法使馆的文案，协助李凤苞处理法文文件。中法战争爆发后，他协助陈季同促成了中法谈判停战。陈季同与他的友谊介于师友之间。此时，由于陈季同与他合作著述的《中国人自画像》和《中国人的戏剧》在巴黎出版后受到热捧，一版再版，蒙弟翁开始散布对陈季同不利的言论，并声称他才是这两本书的作者，提出要这两本书的著作权和版权红利。陈季同在1886年6月10日致信蒙弟翁，说“十年的友情因猜疑而决裂”；蒙弟翁则在7月写文章抨击陈季同，说

“陈季同将军认为没人能与中国人相提并论，他们是造物主的奇迹”。显然，蒙弟翁希望通过把陈季同说成是极端爱国的狭隘的种族主义者，来引发法国人甚至欧洲人对陈季同的不满和排斥。陈季同并不希望两人之间没有任何回旋的余地，同年11月，他致信蒙弟翁，表达愿意和解。新年来临前一天即12月31日，他还在巴黎写信给蒙弟翁祝贺新年。但是，蒙弟翁利用中方使馆雇员的身份，接触到中、法、德三国的不少外交情报，利用这些资料，于1887年初以“一个天朝官员”为笔名，出版了《一个清朝官员的日记——中国书简及未公开的外交文献集》，1889年又出版了《北圻的真相》，披露中法战争期间欧洲外交界的一些内幕，抨击茹费理内阁的外交政策。书中披露了许多中、法、德、英之间的外交内幕和敏感话题，这招致中方的严重不满。1889年10月，陈季同只能和蒙弟翁绝交。出乎意料的是，在两人的这场私交纠纷中，法国文化界几乎全部站到了陈季同这一边，他们认为蒙弟翁指控陈季同的法语水平不足以亲自以法文写作，这是没有根据的，完全不能成立。法国汉学家考狄直截了当地为陈季同辩护道：陈季同“非常聪颖，性情和蔼而又很乐于助人，他用法语讲话和写作都极为风趣。弗果·德·蒙弟翁先生曾要求收回以陈的名字出版的作品的著作权，但我非常了解陈，他完全有能力写这些书。”

一波未平一波又起。陈季同与蒙弟翁之间的笔墨官司还未了结，又因他在欧洲银行的大量借债难还而遭新任驻英法大使薛福成的弹劾，深陷囹圄。关于这场陈季同的私债风波和薛陈交恶的经过及其中是非曲直，桑兵教授在其《陈季同述论》中，李华川博士在其《晚清一个外交官的文化历程》中均辨之甚详。

陈季同在欧洲的外交生涯开始走下坡路，与中法战争其实有密切关系。中法交战，陈季同发挥非凡的外交斡旋能力，力促中法尽快结束战争状态，但中国国内有相当多的人士对中法战争最后以和谈方式结束表示不满。这种不满陆续就发泄到陈季同身上。中法战争结束后，1885年7月23日，新任驻法德兼意、荷、奥公使许景澄抵达巴黎，陈季同陪同许景澄在巴黎完成外交礼节后，许返回柏林，将驻法使馆的日常事务交由陈季同和庆常负责。1887年12月19日，清廷派来新的驻法大使刘瑞芬。庆常对陈季同在巴黎外交界和文化界如鱼得水、风生水起的做派本来就嫉妒和不满，但因前有李凤苞，后有许景澄、刘瑞芬等大使对陈季同颇为依赖，所以一时也难以排挤陈季同。但中法战争后，驻欧使馆的各种人际关系开始对陈季同越来越不利。首先是清廷中对李鸿章不满的人不停弹劾被视作李鸿章亲信的李凤苞，李凤苞在1885年离开欧洲回国。回到国内，他在李鸿章北洋幕府中协助办理北洋军务和天津水师学堂有关事务，但朝廷中对兴办船政、学习西方和中法议和有保留态度的官员哪肯放过李鸿章和李凤苞？他们根据谣传不确的信息再度弹劾李凤苞在德国订购军舰时舞弊和收受巨额贿赂，明摆着剑指李鸿章。为了平息舆论，李凤苞只能被革去职衔，回上海崇明老家整理西方军事学译著去了。在郁郁不得志中，李凤苞于1887年8月在崇明老家早逝，年仅53岁。

李凤苞离开欧洲后，陈季同成了李鸿章在欧洲处理外交事务最重要的协助者。为了发展工业和应对内外交困的变革，清政府

和各省督抚都向外国大量借款。由于各省的借款渠道五花八门，所借外债利息率很高，一般都在6厘以上，甚至还有高于9厘的，清廷自顾不暇，对各省私借高利外债也无可奈何。陈季同深知长此以往，中国要遭受重大经济损失，就建议李鸿章说服清廷，统一由清廷出面借外债，这样可将利息降低，有利于中国。1889年秋，李鸿章接受了陈季同的这一建议，并取得清廷主政的醇亲王奕譞的赞同和支持，奕譞还提出让李鸿章设法借外债3000万两白银，用以筹建芦汉铁路。于是，李鸿章将这一任务交给了陈季同。

“厘”是利率单位，年利率1厘是每年百分之一，月利率1厘是每月千分之一。

大约从1890年开始至1891年春，陈季同在欧洲除了协助许景澄处理日常外交事务外，主要就是忙于和银行家奥地利人伦道呵进行紧张的多轮谈判。按照李鸿章的指示，中方所付年利率不得高于4厘半，这与以往各省私借外债的高利率比，对中方有利了许多。经过陈季同近8个月的艰苦谈判，伦道呵最终让步，全部答应了李鸿章提出的要求。双方在1890年底签订了合同，陈季同将双方所定合同寄回国内，李鸿章等待呈清政府批准。但这时奕譞突然病亡，无人主持借款，李鸿章困于权限，不能越俎代庖。清廷中反对李鸿章借款动议的人本来就居多数，陈季同苦心经营谈判的结果因此搁浅。

陈季同官服像

在这些背景下，1890年春，清廷派新的驻欧大使薛福成接替刘瑞芬，抵达伦敦上任。薛福成先后当过曾国藩和李鸿章的幕僚，是晚清洋务派人物，也主张学习西方的技术优势，但是，薛福成对陈季同欧化的生活习性大为不满。陈季同风流倜傥，“官职虽是武夫，性情却完全文士，恃才傲物，落拓不羁”。他在法国娶了两房太太，同时，作为外交官，他交游广泛，频繁出入巴黎上流社会的各种沙龙、舞会，日常开销无度，参赞的薪水根本无法维持他的日常花销，这也迫使他不停地写作和演讲，以稿酬和讲酬贴补家用。但稿酬讲酬对他而言，是杯水车薪，除了提升他在欧洲的声望外，无济于事，他只能向

银行借私债。以他外交官的身份和在巴黎文化界声名鹊起的影响力，他向外国银行借债自然不是难事。李华川指出，最晚在1889年，陈季同已开始大量借债，他从“巴黎—荷兰银行”累计借款10万多法郎，1890年6月，他又向克磊索公司借款3万法郎。这两笔合计13万多法郎、折合2.6万两白银的私债对当时的中国人来说堪称天文数目。原大使刘瑞芬与参赞陈季同相安无事，没有去管束他的私人行为。但很快，陈季同在巴黎的好日子到头了。他“引起了几个身居要职的高官的嫉恨。而不用说，嫉恨的原因之一是由于陈季同在巴黎所处的特殊地位。作为一个下属，他的地位超过了其上级——巴黎、伦敦、布鲁塞尔和罗马全权公使”。

1890年4月，“巴黎—荷兰银行”派人到伦敦中国使馆见新任大使薛福成，要求陈季同还款。薛福成非常震惊，认为陈季同的做法有伤“中国体面”，命令陈季同到英国来当面查问此事，要求他立即还清借款。但此时陈季同哪有能力还清欠款？薛福成因此坚持将陈季同撤职，严加惩办。此事惊动国内的李鸿章。李鸿章认为陈季同借私债是他的个人行为，应由陈季同个人与债主协商或诉诸法律手段解决，中国使馆不必介入此事，并电告薛福成不要受庆常等人挑拨。但薛福成不为所动，竟然以“陈季同诓骗巨款”的罪名参奏陈季同，李鸿章又立即电劝薛福成说：“若照中外利债方法，只可代追，参后则声名俱败，更难清款。谅公能发亦能收也。”但薛福成坚持己见，一边勒令陈季同“告假回华”，一边电请总署待陈季同回到国内“电饬密拿，免逃入外洋为患”。李华川指出，薛福成一定要扳倒陈季同，还有一个原因，即李鸿章和奕譞授权陈季同办理洋债事务，而清廷许多要员及其主导的舆论是反对这个举动的，所以陈季同在欧洲的借款谈判一直处于秘密状态。“陈季同是此项借款中的关键人物之一，反对借款的官员借渲染陈的私债，来暗示借款当事人有贪污行为。这些官员也对他反感有加，欲除之而后快。私债事件的一个直接后果是1891年12月4日总理衙门给各国驻京公使的照会，其内容是限制各省督抚向国外借款。”

1891年4月17日，陈季同结束了长达15年的使欧生涯，携带两个法国太太和孩子离开法国。6月27日，回到福州的陈季同在拜见闽浙总督后，立即被捕入狱。有人描写当时的情形道：“陈将军与他的法国妻子及妻妹已从巴黎回到福州。他们身着光鲜的法式服装到达宝塔锚地，一小时后下船，已换了完全中国式的穿着。在谒见总督之后，将军被逮捕，现关在臬台衙门。这真是欧洲好日子的报应。”

薛福成依然不依不饶。他在欧洲上奏清廷，控告陈季同“狃于西俗，专讲应酬，积年浪费，致成巨亏。且借使馆为名，托言公用，复节次推宕，失信外人，有关中国声望，于情于理，犹难姑容”，请旨将陈季同“先行革职”，交总理衙门查办。为了将陈季同的案子办成铁案，薛福成利用媒体散布对陈季同不利的言论。在陈季同离开法国的当月，薛福成就写了两封信致巴黎的《晨报》，以出使大臣的名义将陈季同已被撤职回国的消息传达给法国公众。1891年6月1日，薛福成在巴黎给国内的《北华捷报》来信，将“陈季同已被判死刑”的讹传透露给报界。受中国驻欧使馆的影响，欧洲的舆论一时对陈季同非常不利，他在法国的朋友比卢瓦甚至在报纸上宣布与他绝交。好在李鸿章庇护了

陈季同，允许他在押期间对外通信，这使得他有机会通过与朋友的通信为自己辩护，改变了欧洲公众对此事的看法。陈季同声称自己借私债主要用于为前述筹借外债3000万两库平银（合两亿法郎）修建芦汉铁路的谈判中。他说，在长达8个多月的谈判中“只开销2.4万法郎，还包括从巴黎到中国每个字20法郎的电报费，这可能吗？”薛福成看到陈季同为自己辩护后，立即于1892年1月6日在法国《晨报》上严厉指控陈季同有伪造文件、诈骗、失信等不法行为，罗列了陈季同的四条罪状。薛福成的这封信公开了陈季同和他的矛盾，令欧洲各界大跌眼镜，法报认为“这在外交界是奇怪的，至少是反常的”。作为出使大臣，薛福成的这种做法显然有损清廷的外交形象。他的这些举动，不但没达到使陈季同“身名俱裂”的目的，反而让陈季同绝地反击，走出绝境。欧洲人以他们的视角，纷纷开始同情陈季同。不久前刚宣布与陈季同绝交的比卢瓦通过与陈季同通信，又恢复了与陈季同的友谊。

1891年12月31日，《北华捷报》发表比卢瓦的《陈季同》一文。文章说，从外交角度看，因为有了陈季同的活动，中国才开始在欧洲崭露头角。但这还不是最重要的，陈季同的重要性和影响表现在其“个性”上，即对西方风俗的接受和吸收上，使他在欧洲世界有一种独特的地位，无人能出其右。比卢瓦认为陈季同的遭遇对法国也是个损失，他指出：“对于法国利益而言，陈季同的结局令人感到惋惜，因为尽管他的过错不可原谅，他仍能继续为我们服务。我从未见到一个比陈季同更彻底地接受欧洲风格的中国人。事实上，他对欧洲习俗的了解甚于他对本国的了解。”比卢瓦分析了陈季同落难的原因，认为主要原因是他的政敌，部分原因在他自己率性不羁的性格弱点："陈季同在外交界的飞速崛起和他欧化的生活方式，引起了包括一些显贵在内的出使官员的嫉妒和敌意，而陈季同自身的某些严重弱点，比如感情易于冲动、沉溺于外部环境的诱惑，成为敌人攻击的借口。陈季同是政治纷争的牺牲品。"

在法国人的舆论倒向同情陈季同之际，身陷囹圄的陈季同得到李鸿章的大力保护。清廷并没有按照薛福成的奏请，由总理衙门查办陈季同，而是把在福州羁押的陈季同送到天津，交给北洋大臣李鸿章讯办。李鸿章派陈季同的同学、一样出身于马尾船政学堂的罗丰禄具体办理此案。罗丰禄与法国驻华公使李梅交涉此事。陈季同的弟弟陈寿彭为了替哥哥还清欠债，变卖尽值钱的家产，共凑白银两万两，但"仍少本银六千两"。罗丰禄、陈寿彭请陈季同的朋友、银行家伦道呵在巴黎与各债主接洽调停，结果3位债权人同意以两万两银清偿，尾款不再追究。经过李鸿章和家人友人的援助，1892年7月26日，陈季同的欠债风波终于平息，得以重获自由。李鸿章在10月8日上奏清廷，请求朝廷让陈季同官复原职。在奏疏中，李鸿章称陈季同"由福建船政学生出洋多年，从事使馆，洞悉外洋情形，深通法国语言文字，实为洋务人员中不可多得之才。欠债既已还清，似可囿其前愆，以观后效。"10月23日，清朝海关总税务司赫德在致欧洲友人的信中说："陈季同将军的朋友们代他偿清了债务后，他的'顶带花翎'已经发还。伪造文件的指控已经销声匿迹，我想薛公使由于大肆渲染此案，现已陷于困境。"如此看来，私债风波虽然令陈季同的仕途遭受重创，但他并没有从此一蹶不振。

第四章

中西合璧　满门斯文

陈季同一生娶了 5 个妻妾，包括两个法国太太，对她们都有很深的感情。他的家族成员也多是才子佳人，有着宽厚仁慈、幽默温和的儒雅门风。

陈季同父母早亡，兄弟三人：长兄友如、长嫂叶氏；季同第二，大排行第四，原配刘氏；弟寿彭，大排行第五，娶薛绍徽。三兄弟相依为命，手足情深。陈季同先后娶纳中西妻妾共5人，有三子三女，其中长子陈承汾是其长兄的第五子，在陈季同原配夫人未生育而卒时过继给陈季同。

陈季同的原配夫人刘氏或是陈季同母亲娘家的戚属。陈季同在20岁左右与刘氏成婚。此时他已在马尾船政学堂就读，与夫人聚少离多。1888年，回娘家的刘氏暴病而卒，陈季同这时还在欧洲，远隔重洋。夫人病死娘家，内亲外戚议论纷纷，陈季同一时也不知是否该归咎外家，后来收到弟媳薛绍徽“持平而断”的来信，与刘氏外家“戚好如初”。根据钱南秀教授推断，陈季同与刘夫人没有子女，所以过继了长兄友如的儿子陈承汾。陈季同在欧洲又另娶两个才貌双全的法国妻子，为他生有三女一子。

陈季同像

大约在1884年，陈季同娶了被他称为“山妻”的法国女子，中文译名为赖妈懿，他们育有两个女儿：陈騫（字槎仙）和陈超（字班仙）。陈季同英俊潇洒，风采迷人，在巴黎成了交际场中的明星，巴黎女郎趋之若鹜。不久，另一个更为年轻奔放的法国女博士又迷恋上陈季同，非他不嫁，大约在1889年间，陈季同将此女纳为妾，称她为“妃人”，中文名为“药爽”，并在次年生下一子陈承俊（施儿）。赖妈懿和药爽都受过良好教育，她们之所以争先恐后地嫁给陈季同这个来自遥远东方的男子，完全是折服于陈季同博学机智的才华和幽默温和的个性。1891年，她们携三个儿女和陈季同一起回到福州，陈季同的后人陈书萍回忆家族前辈曾称赞这两位洋夫人“会讲中文，待人和善”。药爽后来携带与陈季同在中国所生幼女离开中国，返回欧洲。陈季同晚年又纳李氏姐妹为妾，其中一人为他留下遗腹子陈承璋。

陈季同一生前后妻妾5人，这在当时是中国家庭婚姻生活的常态。陈季同对自己中西合璧的家庭生活非常满意和得意，这从他1896年在湘黔探矿途中写的诗歌《施儿》中可见一斑：

施儿七岁解舆图，常指黔阳把我呼。
音乐已知分角徵，诗书何止识之无？
舌能象译翻阿母，手作涂鸦寄老夫。
进士吾家多不栉，何期人种又传胡。

钱南秀指出，陈季同家族与普通中国人家相比，有两点不同之处：“一是满门中外才女，一是由双重文化熏陶出的杰出子女。”“不栉进士”指文采斐然的女性。陈季同的长嫂叶氏“知书礼”，在公婆双亡后，协助丈夫陈友如承担起抚养陈季同陈寿彭两小叔的责任，并在陈季同和刘氏无子的情况下，将儿子陈汾如过继给陈季同。陈季同对兄嫂敬重有加，1895年曾奏请朝廷赐赠兄嫂正一品封典，以报答兄嫂养育持家之情。

陈季同原配夫人刘氏应是出于其母舅刘绍纲、刘勷一门，二刘与刘家谋、刘家镇是堂兄弟，刘氏家族是清中后期福州三坊七

陈季同像

巷中的望族，也是斯文满门，与林则徐有儿女姻亲关系。刘氏在1888年暴卒，多年后，陈季同在黔南山道中遇到迎亲队伍，还情不自禁勾起对刘氏的怀念，题诗回忆他们俩成亲的日子：

廿五年前亲迎日，
蓝舆曾扶彩舆行。
佳人久已归黄土，
触景如何不动情？

陈季同的洋夫人赖妈懿为法国女学堂出身，药爽是女博士。陈季同与两个法国太太的情感似乎都很好，这从他1896年探矿湘黔、夫妻暂时分处异地时写的诗歌中可以看得出来。《有赠》一首写道：

一纸音书言不多，漫从线背细推摩。
为因迟我黄金屋，时发思君白苧歌。
人事秋云惊变态，侬心古井敢生波？
秋光已老黄花晚，三径依依有女萝。

据钱南秀推断，这首诗可能是陈季同写给赖妈懿的，诗中对自己无法为妻子提供富足的生活环境表示歉疚，也抒发了自己经过欠债风波的人生低谷后，已经心如古井，对夫人更加依赖思念的深情。赖氏与陈季同荣辱与共，厮守最为长久。早在1886年陈季同发表法文著作《中国人的戏剧》时，就将该书题献给赖氏，并称献词扉页“将为全书最美丽的一页”，足见他对赖氏情感的真挚与浓烈。赖氏随他回到中国时，原配刘氏已病逝，陈季同请求清廷认可赖氏为正室夫人，诰封赖氏为“一品夫人巴黎赖氏”，在正式场合或称赖氏为“陈夫人巴黎赖太太”，足见陈季同对赖氏的敬重和爱护。陈季同先后写道：

《七夕》

不意山中逢七夕，遥怜楼上看双星。
怀人揽序思申浦，酷日炎风过楚汀。

《又寄妃人》

天上牵牛喜渡河，我犹湘峡苦奔波。
楼头今夜陈瓜果，乞得天孙巧几多？

七夕之夜，陈季同在湘楚山峡间风尘仆仆，只能凭借诗歌抒发自己对两个夫人的思念之情。

陈季同的弟媳妇薛绍徽是清末在中国文坛享有盛誉的一代才女。1883年陈季同回到福州探亲，初见薛绍徽，就对其弟陈寿彭赞誉薛氏“度态雍穆”、有林下之风。

陈季同与赖氏所生的两个女儿陈骞、陈超，以及侄女陈藟、陈蓉（二人为陈友如的女儿）、陈芸、陈莹、陈荭（三人为陈寿彭女儿），都能诗会文，所以陈季同自豪地说“进士吾家多不栉”。

陈季同对幼弟陈寿彭影响很大。陈寿彭字绎如，又作逸儒，紧随其兄之后，是船政后学堂毕业生，1883年曾游学日本数月，“是船政毕业生中第一个留日的”；后又成为船政第三届留学生，于1885年5月到英、法游学3年，1889年夏才回到福州。可见，季同寿彭兄弟曾同在欧洲一段时间。1889年陈季同在法国出版他选译的《聊斋志异》，将它题献给弟弟陈寿彭，“作为对兄弟二人童年阅读《聊斋》经历的纪念”。同年秋天，陈寿彭参加

福州贡院旧影

科举乡试，中副榜第八名。寿彭颇有乃兄之风，诗酒风流，在家“与诸名士联诗会、画会、酒会”。不意陈季同因私债风波回国下狱受审，为了营救兄长，陈寿彭变卖尽产业和所收藏的图书善本以及古董珍玩，凑齐两万两白银，奔波往返于福州、北京和天津之间，终于为陈季同还清欠债，但自己却因此劳累患上疟疾，病倒数月。此时家中一贫如洗，薛绍徽“日典衣饰，事医药”，陈寿彭总算病愈。

1892年春天，福州发大水，陈寿彭家藏书楼的墙垣被洪水冲毁。此时陈寿彭正在京津设法营救牢狱中的陈季同，窃贼趁机而入，偷走了西洋图书数十册和若干钟鼎古董，地方官闻讯缉捕了窃贼，并请陈家发落。在家主事的薛绍徽填写了《金缕曲》词，呈送地方官，说这个毛贼居然有心“探奇鉴古”，真不失“风雅”；既然是洪水冲垮我家围墙，这算是“河伯开门”，才给了毛贼行窃的机会，“情可恕，幸宽赦。有司执法虽然也，且持平、原情定罪，无劳笞打。”既然失物都已追收回来了，就请求地方官从轻发落小毛贼，了结这个公案吧。这首词很能反映陈季同陈寿彭薛绍徽一家人宽厚仁慈、幽默温和的儒雅门风。

一笑亭

第五章

治水永定 捉拿日谍

陈季同的外交生涯结束后，协助李鸿章治理永定河。中日甲午战争爆发后，他受托策划抓捕日本间谍，并为筹措战争经费而多次与外国银行家谈判，商量借款事宜。

陈季同在李鸿章的庇护和家乡亲友的帮助下，经过一年多的牢狱之灾，终于得到某种程度的“平反”，但他的外交生涯从此被断送了。当时的中国各界，大多数人对懂“洋务”的“海归”人员持疑惧甚至排斥的态度。1891年10月，陈季同还在羁押中，赏识他的首任驻英法公使郭嵩焘被迫在湖南湘阴老家赋闲多年后抑郁而终。此时，对走出牢房的陈季同而言，熟悉的欧洲已成远去的风景，只有李鸿章的北洋地盘还容得下他。1893年10月，李鸿章立即设法让陈季同这样的人才重新“上岗”，恰逢永定河洪水冲垮北岸危及京城，清廷派给陈季同陈寿彭兄弟技术活：“奉檄测定永定河流”，算是给经过欠债风波后生计维艰的陈家一条活路。

永定河北京段，由官厅流经门头沟、石景山、丰台、房山、大兴等。这一段先是短距离内落差极大，从 450米降至100米，山峦

永定河，又称桑干河、卢沟或无定河，发源于山西省宁武县，全长747千米，流经山西、内蒙古、河北、北京、天津，在天津汇入海河，至塘沽注入渤海，是海河水系北系最大的河流。

重叠，沟谷弯曲，坡度变化大，水流湍急。此后进入京津平原到渤海口，形成古道洪冲积扇面，海拔在25米至100米之间，在近80千米的流程中水流相对平缓，河水浑浊，挟带大量泥沙沉积，以致河床高于地面，极易发生漫溢决口。永定河历史上迁徙改道无常，因此有“浑河”“小黄河”“无定河”的别称。陈季同出狱时，清廷正被近期漫溢成灾的永定河所苦，所以立即同意李鸿章的奏请，派“精于测算”的陈季同负责勘探修治永定河，这是清廷派给陈季同陈寿彭的硬活。他们趁着秋冬枯水期，先从上游源头入手，到1894年的夏间，基本完成了勘测修治任务。这年6月，李鸿章又上奏清廷，派陈季同和法国工程师吉礼丰一起“赴工会勘。议于卢沟桥以上南岸，即上年漫溢处所，建设减坝，甚属合宜”。

薛绍徽有词二首吟咏陈寿彭勘测永定河之事，其中《丑儿奴慢·闻绎如出张家口探永定河源》写道：

高歌出塞，正值严寒时候。奈迢递关山风雪，未带征裘。落日轮台，不知谁为慰离愁。雁鸿沉泽，鱼龙作剧，怎挽洪流？

我自念君，大才初试，握算持筹。好珍重、张骞凿空、贾让奇谋。梦觉幽闺、那堪消息远悠悠。明年春色，王孙归否，何必封侯！

另一首《添字渔家傲·寄绎如卢沟桥》写道：

楼角黄鹂声婉婉，细柳垂垂，浓把阑干偃。开到荼靡人未还。春光晚，隔花不见天涯远。

手腕狂澜教筑偃。晓月卢沟，想正催云畚。欲采蘋

花申缱绻，搜囊键，愧无织女支机稳。

上述词从严寒的秋冬写到春回大地，可以看出陈氏兄弟勘测修治永定河历经了长期的艰苦工作。

在这段效力北洋时期，陈季同与周馥和范当世结成好友。周馥，字玉山，号兰溪，安徽人，是李鸿章的心腹文书，协助李鸿章兴办洋务三十余载，在创办北洋海军、天津武备学堂、天津电报局以及开平煤矿过程中均有作为，是李鸿章兴办洋务最重要的操盘手。他和陈季同就修治卢沟减水分流坝有诗唱和，其诗题为《开卢沟减水渠同事陈敬如总戎以诗见贻依韵奉答》。

范当世，字肯堂，江苏通州人，清末名士，擅长写诗，时人称他是同光时代诗人之雄，与陈三立结为儿女亲家。1894年秋，范当世被李鸿章延为西席，教授李鸿章子弟。陈季同和范当世同时效力于李鸿章，交往颇密，两人的友情可见于他们的诸多唱和诗中。

1894年注定是个多事之年。6月14日，当陈季同在华北主持勘修永定河时，他在法国曾经的合作者蒙弟翁在落魄潦倒中离世。法国《费加罗报》在6月18日、28日、7月11日连续刊发3篇报道，介绍评价蒙弟翁的一生，称此人是陈季同过去的秘书。法国媒体似乎依然难忘风流倜傥的陈季同——这位中国的外交明星、文化奇人。

1894年7月25日，日本军舰在朝鲜半岛海面偷袭北洋海军运兵船“高升号”。消息传来，陈季同立即向当局呈上朝鲜地图，请求清廷派兵抢守平壤险要之处。但主政者对陈季同的建议犹豫不决，坐失良机。

1894年8月1日，清日同时宣战。8月初，天津发现日本间谍石川伍一，陈季同帮助李鸿章和盛宣怀具体实施捉拿该间谍的方案。石川伍一早年在兴亚学校学习中文，18岁来华从事间谍活动，足迹遍布云贵川，远达西藏地区。他在四川活动了很长时间，基本摸清了我国西南地区的情况，绘制了精确的地图，并写下探险调查报告，成为日军的至宝。1893年，石川伍一完成了在我国西南地区的间谍任务，被设在汉口的日本间谍机构乐善堂派往东三省和天津，继续从事间谍活动。甲午战争爆发几个小时后，日本外交官及侨民乘英籍"重庆号"撤离，船停靠在天津港，忽然一群人冲上"重庆号"，痛殴日本人。据后来中方称，这群闹事者领头的叫贾长瑞。据贾长瑞交代，他哥哥在清军中服役，死于几天前发生的"高升号"事件。噩耗传来，贾长瑞悲愤难当，当他听说"重庆号"上有准备撤离的日本人时，立即召集了一群人，假扮清军冲上"重庆号"，将船上的日本人揪出来痛打一顿。

在当时一片混乱的情况下，日本人的一封密函失落，辗转落入清廷手中，这封密函实际上是日本驻天津领事馆海军武官泷川具和托人转交给驻烟台的武官井上敏夫的。密函提到了清日开战之后日本留守在华间谍的人员部署。得到密函后，天津城守营奉命加强对日本人的监视，很快就发现了日谍石川伍一和钟崎三郎的踪迹。虽然二人的一举一动都在清廷的掌握中，但当时日本驻华公使和驻天津领事还没有离开天津，而且两名日谍躲在英租界中，抓捕行动需要懂外交事务的陈季同的介入，以免节外生枝。

8月1日当天，陈季同致函盛宣怀："手示敬悉。任玉升现在蔽处，拟先饬其详探一切，并认识其人，再行侯谕动手，免致临时周章，何如？余俟任弁今晚面回，谨先奉复。"8月2日，陈季同再致函盛宣怀："顷接任如［玉］升面称，东倭改装奸细，今午已见二人，其行至亦已详探明确，闻该奸细等将移居英租界三井洋行等情。弟饬其稍缓动手，须先向尊处请示。鄙意若能诱出租界，即可以捉拿无碍。未知相意何如？仍侯谕知，祗遵办理。"8月4日晚，石川已被抓捕。8月5日，盛宣怀致信李鸿章："昨晚拿获日本奸细一名（能说英语，亦能说汉语），剃头改装，于昨日小村走后，搬入东门内刘姓屋内居住，刘系军械局书办。拿获后，请陈季同来看，据云此人名石川，即是出入倭武官处之奸细，已饬天津具［县］讯供及暂时管押。"

上述这些信函，可证陈季同受李鸿章和盛宣怀之托，是抓捕日本奸细的实际策划者。石川伍一被捕后，供出其间谍罪行。早在1894年2月，石川伍一就乔装成天津某洋行的职员。他通过来洋行换英镑的清兵结交了天津北洋军械局的书办刘棻。刘棻在军械局当差20多年，专管簿记，石川伍一刻意与他交好，并经常以银钱贿赂刘棻。据石川伍一和刘棻被捕后的供词显示，刘棻向石川伍一提供过天津各军营枪械弹药的数目清册，以及军械所各局每日枪械弹药的生产量和存量等重要的军事情报。

石川伍一间谍案引起清廷的关注。8月13日，光绪皇帝震惊

之余，严谕有关主管官员严密排查，寻找潜伏于各处的日谍。9月1日，光绪皇帝再次就石川一案向李鸿章发出密谕，要求他“严刑审讯，如究出探听军情等确据，即行正法，不得稍涉宽纵”。9月11日，李鸿章致函总理衙门，报告审讯石川伍一所获得的确凿奸细行为。9月17日，李鸿章又向总理衙门递交结案报告。9月20日，石川伍一及刘棻在天津被处决，刘棻处以斩首之刑，石川伍一按照西式惯例处以枪毙。此案轰动全国，《字林沪报》称观者如潮，行刑后“但闻一片声叫好不绝”。

捕获日谍后，陈季同又忙着为李鸿章张罗向欧洲银行借款的事。由于中日交战，战争所需费用巨大，李鸿章想方设法向欧洲银行争取低息贷款，陈季同是这方面的谈判高手，所以李鸿章和盛宣怀又请他出面与奥地利商人伦道呵再次商议中国借款的事。陈季同在9月至11月间，与外商多次谈判，争取到利息较低的借款方案，多次电催盛宣怀，请他尽快促成清廷决断此事。在9月27日的信函中，他对盛宣怀说：“现在军情日变，且此债利息实在便宜，失去机会，再办不到。应请我公即与农部商定，其余细故续与伦商电议，必易就范。”次日，他再函告盛宣怀：“鄙意军信虽不妙，欧洲消息较迟，且多疑信参半，前途极愿为中国出力，或尚不致即行变志。务求迅电农部，作速定订。二三日内如能画诺，则无虑矣。日内与各洋商谈，均不能如是便宜，诚大机会，坐失可惜。”但是，清廷内部有人掣肘借债一事，此事久拖不决，陈季同在10月8日再函盛宣怀道：“鄙意军情日紧，债事以速定为佳。”10月10日，他又函告盛宣怀道：“在津之洋

人或云旅顺山我军胜仗，或云倭人得志，莫衷一是。钧处必得确信统恳谕知。季同甚恐借债之事为谣传所阻，致为山九仞一篑功亏也。”如此密集的电函反映出在战火纷飞中陈季同仍然忧心国事，努力为清廷筹划储备应对战争的经费。可惜，如同几年前陈季同在欧洲为清廷筹款一样，这次筹款的努力同样因清廷中李鸿章政敌的作梗而失败。范当世有诗吟述在李鸿章衙门初见陈季同，此时正逢陈季同殚精竭虑筹款未果，范诗写道：

劳尘入海化为沙，万劫销沉更不哗。
博望再生还有空，匈奴未灭岂无家？
云天夜醉葡萄酒，风露秋开菡萏花。
斟酌微吟借筹苦，宵来一笑悟津涯。

在诗中，范当世把陈季同比作张骞再生，可见对他出使欧洲的作为高度赞誉。范诗用在秋风霜露中依然绽开、出淤泥而不染的荷花比喻陈季同的人格，这是对刚度过牢狱之灾的陈季同的力挺；末句写陈季同再次辛劳筹款却无功而返，幸而他天性旷达疏通，和我等知己友人夜里叙谈一番，就能够笑悟自己的生涯和命运。范当世是当时很有清誉的名士，他与陈季同一见如故，如此高调称赞陈季同，大有相见恨晚之感。

筹款一事无果后，辽东战事吃紧，赴朝陆路作战的李鸿章的淮军主力已全军覆没，只有北洋海军所守的军港还在苦战中。陈季同奉檄督押粮草补给赶往辽东，但还未出发，11月22日，旅顺也告沦陷。1895年2月，威海卫失守，北洋海军全军覆没。至此，清廷只好派出李鸿章赴日“议和”。甲午战败，李鸿章苦心经营十年之久的北洋受尽清廷多方掣肘，独木难支危局，终于曲终人散。陈季同好不容易从牢狱之灾中解脱出来，投身北洋，还未及施展拳脚，就被战争所裹挟，等待他的是更为吊诡和痛楚的台湾局势。

第六章

保卫台湾 率舰东归

《中日马关条约》签订后，清政府决意割让台湾，并下令大陆断绝对台湾的后援。陈季同与台湾人民拼死抵抗日本吞并，为此成立“台湾民主国”并组织义军战斗到最后一刻。

1895年4月，李鸿章奉命在日本马关与日方签订了《中日马关条约》，主要内容为：承认日本对朝鲜的侵占，割台湾、澎湖列岛和辽东半岛给日本，并赔偿日本军费两亿两白银。在俄、德、法等国的干涉下，日本被迫放弃了辽东半岛，但清廷应允加赔日本白银3000万两后，日军才撤走。

《中日马关条约》严重损害中国利益，台湾人民鸣锣罢市，抗议清廷出卖台湾，清廷守台要员和台湾乡绅民众纷纷拼死抗争。台湾巡抚唐景崧一面与两江总督张之洞商议台事，一面急电调陈季同入台，协助决定台湾前途。一开始，张之洞对被李鸿章器重的陈季同并无好感，他致电唐景崧说：“陈季同乃大荒谬人，岂能胜此任？此必闽人所荐，姑与一谈再奉达。”张之洞把未曾谋面的陈季同指斥为“大荒谬人”，这与此前陈季同被薛福成等人所排斥而深陷囹圄有关。此时张之洞的幕僚中有多位福建人，如辜鸿铭、郑孝胥、陈衍等，所以他揣测一定有“闽人”向唐景崧推荐了陈季同。不过，张之洞与陈季同见面后，对陈季同再无微词，并电告唐景崧说：“陈季同与法最熟，法事与之商办必有益。”

5月14日，陈季同在危乱之际抵台。他介绍法国水师提督与唐景崧见面，希望法国出面阻止日本侵占台湾。法方认为：“为中国争回土地则难，为台湾保民则易。必须台自立，有自主之权，法即派全权来台定约。”为了保全台湾，陈季同和台湾士绅丘逢甲等人倡议建立“台湾民主国”。陈季同熟悉国际法和民主制度，深谙国际法规定“割地须问居民能顺从否”，“民必顺从，方得视为易主”，因此，他“成为民主国筹组的核心灵魂人物”。5月25日，共和政体“台湾民主国”宣告成立，唐景崧被台湾士绅推举为总统，丘逢甲为副总统，清军名将刘永福为大将军，台湾首富林维源任议长，陈季同任外务衙门督办，负责外交事务。“台湾民主国”改元“永清”，寄托不忘中原清廷之意；铸印“民主国之宝印”，制蓝地黄虎国旗。但林维源对台湾前途并不乐观，第二天就离台内渡厦门定居。不到10天，台北守军溃败，唐景崧也仓促内渡回大陆。10月19日，在台南坚守的刘永福、丘逢甲等也兵败内渡，两天后台南陷落，“台湾民主国”就此灭亡，前后仅存150天。

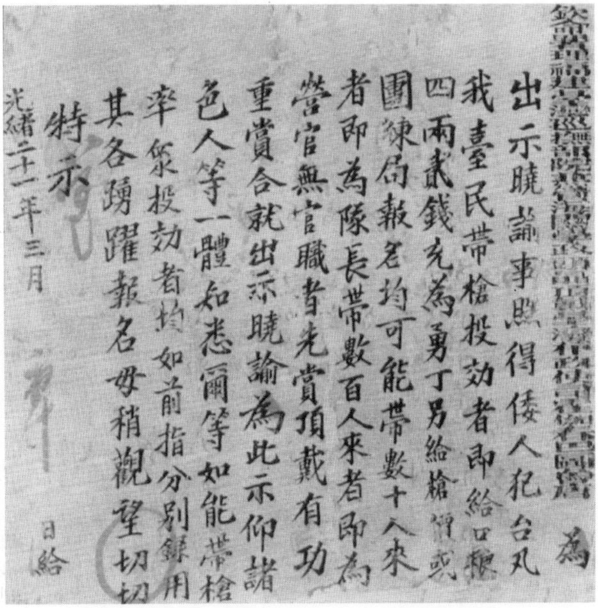

為
出示曉諭事照得倭人犯台凡
我臺民帶槍投効者即給口糧
四兩貳錢充為勇丁另給槍價或
團練局報名均可能帶數十人來
者即為隊長帶數百人來者即為
營官無官職者先賞頂戴有功
重賞合就出示曉諭為此示仰諸
色人等一體知悉爾等如能帶槍
率衆投効者均如前指分別錄用
其各踴躍報名毋稍觀望切切
特示
光緒二十一年三月　日給

1895年3月台湾巡抚号召民众抗击日军侵台的谕告（图片引自《明清宫藏闽台关系档案图录》）

陈季同筹组“台湾民主国”，以抵抗日本吞并台湾，这大约是他一生中最为波澜壮阔的篇章。当时的台湾局势一片混乱，一方面是清廷已经割台，另一方面是台湾人民抵制清廷所为，并组建义军抵抗日军登台。5月，康有为在北京联合在京参加科举考试的各省举人1000多人举行集会，要求拒和、迁都、变法，史称“公车上书”。但是，清廷还是批准了《中日马关

台湾士兵在操练（图片引自《明清宫藏闽台关系档案图录》）

条约》，并派李鸿章儿子李经方率员准备赴台与日方办理交割手续。李鸿章电告陈季同，要求他在台探明情况，等候李经方一行的到来。5月22日，李经方请求李鸿章派陈季同带领“斯美”“驾时”两艘军舰到澎湖口外守候。陈季同接电后，万分焦急，他在5月23日急电李鸿章，反对李经方来台办理割台事务，电文如下：

伯行星使（指李经方）到时，同如在台，自应趋晤。惟抵台以来，见台民万亿同心，必欲竭力死守土地，屡请地方官主持，时集衙属，日以万计，绅富联谋，喧哗相接。本日有旨，令各官内渡，台民益甚张皇，绅民又蜂集，至今未散。似此情形，地方官恐难越雷池半步。使人到此，不特难于入境，且必血战无休。盖台民誓宁抗旨，死不事仇。同意此事如可挽回万一最妥，不然亦须暂缓倭来，另筹完善办法。至伯行星使，则千万勿来，或请收回成命，或请另派他人，切勿冒险。此季同目击实在情形，欲报感恩知己，惟中堂垂察。

从这封急电中可以看出陈季同对台事和对李鸿章父子的苦心孤诣。台湾人民宁可冒抗旨的罪名，也要誓死守台，这鼓舞了陈季同等地方官和台民共同抗敌的决心。他认为此时台湾官民同心保台，如对台事能有所挽回，则最妥；如不能，李鸿章和清廷也应该“暂缓”日本人登台，更不能让李经方亲自来台与日人办理交割台湾的手续。陈季同的这一番建议实际上是为了保全李鸿章父子最后的名声，他深知李鸿章代表清廷签署卖国卖台的《中日马关条约》，足以毁掉李的一世功名。如果此时他儿子再登台与日方交接，恐怕会被台湾民众围攻，生命安全都难有保证。作为被李鸿章器重的亲信，陈季同自道为了报答李鸿章的“感恩知己”，他才发此恳切之请。李鸿章自然读得懂陈季同披肝沥胆的急电心意所在，接电后当即电告李经方说：“然如陈季同言，断难冒险进口登岸，又不便随日船进口，使人目为引日收地，在不即不离间较好，殊费斟酌。”5月27日，李经方从上海电告李鸿章道：“季同密电其家令转告，台将自主，法可保护，危险勿登岸。日船二只现在台海面游弋等语。”

陈季同一方面劝李鸿章父子设法“暂缓”与日方的交割手续，一方面亲自与法国斡旋，他登上基隆海域的法国军舰，向舰长递交一封致法国政府的信件，希望法国出面保护新成立的“台湾民主国”。但软弱无能的清廷竟然下令福建等东南沿海省份断绝对台湾的后援，在无任何外援的情况下，“台湾民主国”成了昙花一现的海市蜃楼。在撤离台湾的最后时刻，陈季同依然设法保全并带领“驾时”“斯美”等4艘舰船离开台湾，开赴两江总督张之洞处呈缴。

台湾落入日本之手，这是陈季同的锥心之痛。他有诗歌多首表达自己的沉痛心情。《台北待法国兵船不至》写道：

破碎河山劫后棋，赤嵌赤子不胜悲。
情殷恋阙阍徒叫，力莫回天夏变夷。
未必延津能剑合，孰怜沧海有珠遗。
观音峰上频频望，何日能来三色旗？

这一首写他困守台北外务衙署，期盼法国人能够出手相助保台。

《台北衙斋读长恨歌》写道：

海上仙山望飘渺，鸿都羽士漫相寻。
上穷碧落云都障，下视长安雾已深。
七夕有盟犹在耳，六军不发最伤心。
君王掩面知无奈，血泪应沾翡翠衾。

这首诗借安史之乱中“马嵬之变”，写“台湾民主国”得不到任何外援，只能坐等覆亡的败局。诗歌貌似写自己读白居易《长恨歌》的感慨，但内中寄寓着诗人对大陆各地拥兵自重的清廷要员不给予台湾后援、坐视台湾落入敌手的愤慨。

陈季同退回大陆后，丧台之痛依然萦绕心头，又写下了《吊台湾》四首：

其一

忆从海上访仙踪，今隔蓬山几万重。

蜃市楼台随水逝，桃源天地看云封。
怜他鳌戴偏无力，待到狼吞又取容。
两字亢卑浑不解，边气后此正汹汹。

其二

金钱卅兆买辽回，一岛居然付劫灰。
强谓弹丸等瓯脱，忍将锁钥委尘埃。
伤心地竟和戎割，太息门因揖盗开。
似念兵劳许休息，将台作偃伯灵台。

其三

鲸鲵吞噬到鲲身，渔父蹒跚许问津。
莫保河山空守旧，顿忘唇齿藉维新。
蓬蒿满目囚同泣，桑梓惊心鬼与邻。
寄语赤嵌诸父老，朝秦暮楚亦前因。

其四

台阳非复旧衣冠，从此威仪失汉官。
壶峤而今成弱水，海天何计挽狂澜。
谁云名下无虚士，不信军中有一韩。
绝好湖山今已矣，故乡遥望泪阑干。

这几首诗无比悲愤沉郁，不仅表达了丧台之痛，而且痛斥日本以“维新”之名欺凌中国的强盗之举，并委婉地责讽清廷鼠目寸光，视台湾为无足轻重的弹丸之地，根本没有认识到台湾是大陆非常重要的门户锁钥，如此轻而易举地出卖台湾，与开门揖盗有何两样呢？他批评清廷养士虽多，却独缺像北宋名臣韩琦那样能够保境安邦的将帅。绝好河山从此成了异国他乡，隔

海遥望，空有泪水横流。他认为清廷不懂得不卑不亢的外交策略、“朝秦暮楚”、进退失据的软弱和无能才是中国败亡丧台的原因。

台湾之丧，举国皆痛。陈季同保台的努力深刻地影响了他的家人和朋友。《孽海花》的作者曾朴写道：“光绪乙未，台湾独立的事，陈季同曾奔走尽力，差不多和拜伦助希腊的精神一样，虽无成就，然激昂慷慨的气概，至今还历历在目。”陈季同的弟媳妇薛绍徽也有词《海天阔处·闻绎如话台湾事》道：

> 碧天莽莽浮云，云烟变灭沧桑里。鲲身睡稳，鸡笼唱罢，竟无坚垒。莫问成功，可怜靖海，原来如此。算槐柯邦国，黄粱梦寐，只赢得，豪谈美。
>
> 说甚蓬莱蜃市，忽跳梁、长蛇封豕。鲸吞蚕食，戚俞难再，藩篱倾圮。汹汹波涛，瓮瓮金厦，相关唇齿。对春潮夜涨，深惭漆室，为天忧杞。

薛绍徽从丈夫陈寿彭处听说了台湾局势的严峻，在满腔悲愤之中，写下这首沉郁苍凉的词。莽莽碧天，滚滚云烟，瞬息万变，正象征沧桑变幻、危机四伏的时局。清廷将台湾拱手让与日寇，任由台湾被“鲸吞蚕食”。薛绍徽听丈夫说起兄长陈季同等仁人志士困守台湾，向着大陆望穿秋水，却不见一兵一卒的援军，自是悲愤交加，怒斥清廷的昏聩无能：满朝文武，竟找不出像郑成功、施琅、戚继光、俞大猷那样的英雄豪杰，如“坚垒”般保住台湾。从前那个与福建一水之隔的美丽岛屿，今后只存于后人夸耀往昔的侈谈里。台湾与金门厦门唇齿相依，休戚相关，如今唇亡齿寒。诗人看着春潮夜涨，想到对岸的危难很快就会随着这汹涌波涛殃及金门、厦门，进而威胁大陆。清廷一时的求和苟安，只能让侵略者更加得寸进尺。而她身为一介女子，为国运忧愁，却也无能为力，只能在词中徒唤奈何。从薛绍徽的这首词里，可以看到，因为台湾沦陷，陈季同一家都对中国的前途充满了担忧。所谓“情脉脉，意悠悠。空怀家国古今愁”。

第七章

探矿湘黔 维新上海

陈季同从台湾内渡后，在沪宁之间往返谋生，还曾不畏艰苦地深入湘黔内地开展地质勘探活动。同时，他与维新人士交往密切，通过做实业、办报、办教育等方式支持维新运动。

清日开战之前，陈季同为李鸿章筹谋借款，无功而返；开战后，清廷因战败而割台，陈季同筹谋保台而未果。李鸿章父子因与日方签订条约和交割台湾事宜，成了众矢之的。陈季同心灰意冷，1895年内渡东归后，“侨居上海，以文酒自娱乐”。由于他精通国际法，涉外法务纠纷的当事人往往找他处理，疑难诉讼经他点拨，常可轻而易举地化解或结案，他处理法律事务的能力得到在沪西方人士的交口称赞。

由于甲午战败，北洋声名狼藉，李鸿章出国考察游历欧美各地，原两江总督兼南洋通商大臣刘坤一回任两江，南京的两江总督衙署继天津北洋之后，成了洋务名士聚集之所。1896年，陈季同短暂在南京两江总督幕府谋食，不时往返于沪宁之间，和旧友沈瑜庆、严复、马建忠、范当世等交往密切，并通过马建忠的兄长马相伯与康有为、梁启超、汪康年等人结识，同时，也与在两江总督衙署供职的同乡郑孝胥、林旭等人结交。

1896年夏天到1897年年初，陈季同应在湘黔交界处任太守的友人曾衡甫之约，探勘湖南、贵州一带的地形和矿产。他有诗道：“行行且向湘黔去，倘许桑榆晚景收。”这一年，陈季同46岁，“老冉冉其将至”的悲凉涌上心头。自从他结束欧洲的外交生涯回到国内，几乎处处碰壁，如今更是无用武之地，探勘湘黔矿产对他而言就是大材小用，纯属迫不得已的养家糊口之举。但是，他并没有因此消沉，而把此行视作中国发展现代产业寻求自强的物质基础，他有诗歌《硃砂矿》写道：

乞得神仙治世方，搜求铅汞入苗荒。
地中水满四相敞，洞口云封七合塘。

未必探囊如取物，有时凿壁岂偷光。

铁鞋已破征衫敝，一片愚诚佐自强。

兴办矿务是为中国开利源的重要途径，陈季同、严复等福建船政毕业生对此有高度自觉的认识，所以陈季同在落魄潦倒之际，依然不畏艰危，深入地僻人稀的湘黔内地进行地质探勘。他用诗歌记录此行，写道：

关跋山涉五千里，乡国别离二百天。

明日幸歌归去也，愿君好著祖生鞭。

这半年多的湘黔之行，让陈季同诗兴大发，留下了300多首诗作。他后来把这些诗与其后在上海所作的一些诗结为一集，命名为《学贾吟》。钱南秀指出："湘黔之行，虽曰艰苦，漫漫旅途，却给了季同不少思索吟哦的时间。……这大约是季同第一次有机会从容反思自己的人生经验。故《学贾吟》不仅诗题包容广泛——仅湘黔途中所作便有逆旅怀亲、驿途思古、异俗采风和对采矿事业的技术介绍与变法维新的前途展望——更糅合了诗人对人生的感慨，对世界的认知。"陈季同自己说，之所以把此集诗歌命名为《学贾吟》，是把自己比作怀才不遇、曾被贬抑长沙、抑郁而终的西汉名士贾谊。1898年陈季同有诗《袁翔甫大令以诗稿见赠，率成一律以谢

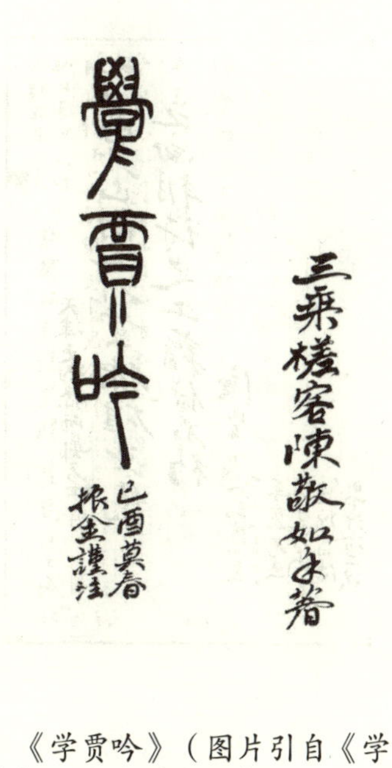

《学贾吟》（图片引自《学贾吟》，钱南秀整理）

之》道：

海外归来又七年，雨龙变幻讶桑田。

柏林高和今陈迹，杨柳楼台老谪仙。

虎穴同探成底事，龙门在望最流连。

贾生不作长沙哭，镇日行吟手一篇。

行走在湘黔山路间，陈季同心绪难平，他发出“才上山来又下山，山途应与仕途看”的感慨。他的友人也赋诗安慰他，他有《集句慰友人绝句八首》，回应道：

卿须怜我我怜卿，乍见黎涡便有情。

解识东风无限恨，杜鹃啼血猿哀鸣。

这首诗集冯小青、朱熹、李白、白居易的名句，自嘲落拓不羁的命运。他感叹“世路何崎岖，世人何狡狯！”《途中即事》之一尤能体现他蹉跎岁月功名难就的落寞情怀：

可怜孤客可怜宵，秋雨秋风最寂寥。

追悔有时脐欲噬，相思几度血来潮。

宝山依旧归空手，金屋何年贮阿娇。

蹭蹬功名蹭蹬路，一肩行李叹萧萧。

但即便功名蹭蹬，陈季同依然生性乐观旷达，他对友人道：“途人若问余心事，为道回天有妙方。”他甚至将这次考察探勘荒山野岭视作学习新知、丰富阅历的机会，在《甘荫棠和题壁诗》中，陈季同写道：

舆球九万几循环，浩劫茫茫剩此身。

传舍屡迁惜过客，己田不恤暂耘人。

安危掌握谁能任？经济胸罗士不贫。

犹向荒原求阅历，泰山未许厌微尘。

陈季同还用诗歌介绍宇宙自然生成的常识，《说地》组诗写道：

其一

自从盘古开洪荒，争说天圆地是方。
旋以五行定方位，东西南北环中央。
不知地亦一球耳，空中辰宿同列张。
窃维造物生天地，燮理阴阳无二致。
苍茫旋转尽日星，尘土纷纷水火澹。
火从中央向外消，水经火煎日夜沸。
如今太阳像我明，职此火球而已矣。

其二

迨至外火消磨尽，尘土渐凝水亦净。
中央空虚地皮干，皱成高低势无定。
低处居水成海洋，高出矗兀为山岭。
日光照临地火蒸，水成云气时上升。
作雨下润生万物，循环不已乾坤成。
亿千万年地火熄，茫茫大地寒如冰。
浑如月魄悬天上，晶莹惟借金乌明。

其三

由日而地地而月，块然一物生意歇。
岂有丹桂倚云栽，谁向嫦娥乞灵药。
天文一学讲欧洲，争道太阳焰渐收。
南北两极曾有树，日光普照地全周。

而今两极成冰洋，人迹不到鱼虫僵。
阳威检束难施及，奚殊马腹嗟鞭长。

其四

五大部洲球面地，欧亚非墨奥大利。
滕薛纷纷无已时，种类不同教亦异。
兵气几同日月光，此得志时彼失志。
倘念人生如电光，忍把生机成杀气。
佛言世界如一粟，笑彼世人学蛮触。
天道莫云属渺漠，悖入由来多悖出。
何如顺时且听天，得享安闲亦是福。
各有因缘莫羡人，自家打扫门前雪。

这四首诗写了天地日月生成之理，告诫世人不要纷争，在大自然中，个体也罢，族群也罢，国家也罢，其实都是沧海一粟，过眼云烟，顺时听天，安闲是福，管好自家身与心，就是随顺自然之道。从陈季同的诗歌里，我们可以看到，他既接受了西方的科学理念，同时对儒释道思想都有吸纳。他重视“风化”，这是对儒家教化理念的推崇，他讲“佛言”，讲“顺时且听天”，是把佛道人生观融为一体。可以说，他的学养也是融贯中西的。

甲午战败后，台湾落入日本之手，这对中国有识之士打击沉重。陈季同的船政同学严复率先于1895年2月起在天津《直报》上持续发表《论世变之亟》《原强》《救亡决论》等时政评论文，并开始翻译《天演论》等西方现代经典名著，向国人较为系统地介绍和传播现代西方政治文明和社会经济文化教育等领域的最新成果与理念，呼吁全国上下学习西方，变法革新。1896年8月，梁启超、汪康年等鼓吹维新的头面人物云集上海，创办了《时务报》，陈季同和他们交往密切，与他们一起筹划创建一些有助于支撑推动维新事业的实业。

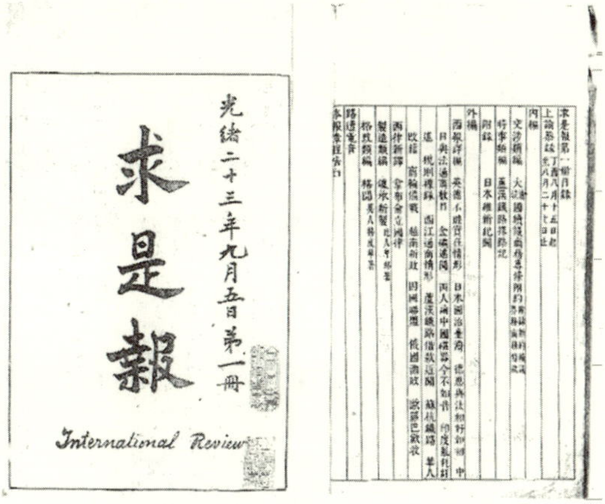

《求是报》（图片引自《学贯吟》，钱南秀整理）

他和友人设立民营的大中公司，力促修建苏宁铁路，但遭地方当局的反对，无法实行。他考察探勘湘黔矿产，力图促成湖南地方商人与法商戴玛德合作共营，终因反对者众而作罢。湘黔勘探结束后，他回到上海，依然不为当局所用，虽然他的同学故旧马建忠在北京向翁同龢举荐了陈季同、罗丰禄和严复等人，翁同龢称这些人皆“通西法者”，“前十年人争欲杀之，要之是俊才”。

侨居沪上，陈季同的生活颇为窘迫，即便如此，他依然心系维新变法，力促中国变革。这时，他的弟弟陈寿彭一家也迁居上海。1897年8月，陈季同、陈寿彭兄弟与陈衍、林旭等人集资创办《求是杂志》（又称《求是报》），每月出刊3次，主要内容为“多译格致实学，以及法律规则之书”，陈衍成为该报刊的主笔。该报第一期“告白”陈述了办报的宗旨和内容、栏目设置等：

本馆不著论议，以副实事求是之意。报首恭列上谕，其次分为内外编。内编之目三：曰交涉类编，曰时事类编，曰附录。外编之目五：曰西报译编，曰西律新译，曰制造类编，曰格致类编，曰泰西稗编。倘一期不及齐出，则下期补刊，末附路透电音。每册三十页。并已援案禀请上海道宪出示谕禁，并行知英、法两廨存案。凡本馆所刊之书，不许坊间书贾翻刻射利。

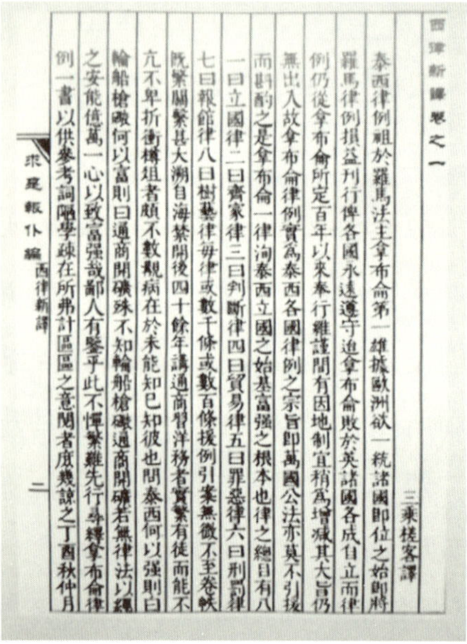
西律新譯卷之一

三乘槎客譯

泰西律例祖於羅馬法主拿布侖第一雄據歐洲欲一統諸國即位之始即將羅馬律例損益刊行俾各國永遠遵守迨拿布侖敗於英諸國各成自立而律例仍從拿布侖所定百年以來奉行維謹間有因地制宜稍爲增減其大旨仍無出入故拿布侖律例實爲泰西各國律例之宗旨即萬國公法亦莫不引援而斟酌之是拿布侖一律洵泰西立國之始基富強之根本也律之總目有八一曰立國律二曰齊家律三曰判斷律四曰貿易律五曰罪惡律六曰刑罰律七曰報館律八曰樹藝律每律或數千條或數百條援例引案無微不至卷帙既繁關繫甚大溯自海禁開後四十餘年講通商習洋務者實繁有徒而能不亢不卑折衝樽俎者頗不數覯病在於未能知己知彼也問泰西何以強則曰輪船槍礮何以富則曰通商開礦殊不知輪船槍礮通商開礦若無律法以綱之安能值萬一心以致富強哉鄙人有鑒乎此不憚繁難先行尋繹拿布侖律例一書以供參考詞陋學疎在所弗計區區之意閱者庶幾諒之丁酉秋仲月

求是報外編 西律新譯 二

陈季同在《求是报》发表的文章

这份告白，表明陈季同等人力图通过报纸沟通中西，并向国人启蒙西学新知。从1897年9月30日至1898年3月7日，《求是报》共出12期。从第2期开始，陈季同以“法国贾雨”为笔名，在该报连载他翻译的小说《卓舒及马格利》。随后，他又翻译了《法兰西民主国立国律》（即《法国民法典》，又名《拿破仑法典》），他在译序里说：此法典是西方“立国之始基，富国之根本”。

陈季同陈寿彭兄弟不仅亲自办报著述，鼓吹维新变法，还和在上海的维新同志互通声气，共同致力于社会革新实践。他参与了新成立的戒烟公会，在《求是报》第1期刊登《戒烟公会叙并章程》，呼吁国民破除影响公众健康生活的陋习。

10月，陈季同参与负责上海市政道路、水务等方面的管理完善和建设事宜。受两江总督刘坤一的委派，他在上海整顿南市马路治安混乱的局面。当时《申报》报道：“本邑南市马路告竣后，往来既便，商务渐兴，而流民痞棍时又混迹其间，借端滋衅。故由都宪派委陈季同都戎，来沪办理马路善后事宜，并在南码头及江海关前起造善后局三处，闻已择吉十一月初一兴工云。”“昨日午后，上海县黄爱棠大令，偕同工程局委员朱森庭明府，排导至南市马路善后局，拜谒总办陈季同都戎，盖议开办自来水章程也。”

除了办报和参与推动上海市政现代管理建设外，陈季同这一时期很重要的一项维新事业是推动中国妇女接受现代教育，养成男女平等的观念，以及自立于社会的生存与发展能力。1897年11月，陈季同与上海电报局局长经元善、变法维新派领袖梁启超、汪康年、康有为的弟弟康广仁等8人倡议兴办女学，筹划成立由中国人自己创办的第一个女学会、第一所女学堂、第一份《女学报》。

陈季同等名士出面在上海积极倡导女学，鼓励内眷女属都来参与。在讨论如何制定女学的有关章程条例时，陈季同和他的女眷出力尤多。11月19日的《新闻报》报道10月25日“会议女学堂章程问答”记载：“陈敬如云：请女客，鄙意将发议一条送与在座诸公阅看，请愿可否？汪穰卿云：季直谓学堂章程，陈敬如最谙，必能译奉。”经元善也记录了11月21日他们讨论女学章程时的情形：

> 陈敬如军门云：弟内子外国女学堂出身，现嘱拟日课章程，日内可脱稿呈鉴。他们之意，第一年先习语言女

红，第二年起，察看材质，再进习他种学问，如医学、算学、史学、舆地、乐律等学是也。放学之期，西例每礼拜二日，今中国女学堂如何办理，请公会商示遵。经对曰：“嫂夫人所拟，大约全是西国学派。今中国创设女学不能不中西合参者，地势然也。放学之期，俟开堂后酌定。”陈又云：“课程拟出，再送呈参酌。先堂中华洋文字并行教导，自不宜全用西法。泰西女学亦有烹饪一门，中国女子似亦习此，方能洗手做羹也。”

陈季同、经元善等人把自己的女眷都动员起来，参与到办学和办报等维新事务中。在创置新女学的规章制度和教学方面，陈季同的夫人赖玛懿和两个女儿出力尤多。经元善记载，十一月初八“本日到者归颍川赖夫人率女陈槎仙、班仙两位小姐……赖夫人命女槎仙小姐操华文笔谈云……”；十一月十三日“三点钟入席，座中西女客李德夫人、卢医女士与范娘娘三位起而宣言……遂有洋提调侯官陈太太赖夫人亦操西语诵答之……”。陈季同与赖玛懿的两个女儿陈骞、陈超和父母一起致力于兴办新式女学，她们颇有乃父之风，善诗词，有答和同道蒋畹芳的诗歌。陈骞诗道：

九仞为山此始基，女流无复下人时。
中原一半裙钗辈，吐气扬眉肇在斯。

陈超写道：

中西荟萃此营中，姊妹花开朵朵红。
为惜天涯有凡卉，欲教到处遍春风。

又有诗道：

古人内助谈何易，教自匡夫两要兼。

儿女能谙天下事，岂徒知识囿油盐。

陈季同不仅让自己的夫人、女儿参与维新事业，还发动自己的弟媳妇薛绍徽共同参与。《求是报》第9期载薛绍徽的文章《创设女学堂条议并叙》道：“丁酉冬十又一月朔，敬如兄公以海上绅董创立女学堂章程来商。”薛绍徽为《女学报》撰写了序和女德、女言、女工、女容四部分。从这些史实中可以看到，当年陈季同一家是如何意气风发地投入提高中国女性地位、促进男女平权的新事业中。

1898年2月，因陈季同介入办新女学等多项维新事宜，无法专心办自己的《求是报》，加上经济亏损、主笔陈衍又去武汉入张之洞幕府等原因，该报只好停办。3月7日印出第12期后，不再出报。这一期末页告白写道：“本馆翻译主笔三乘槎客因是期有事他往，致迟一旬出报，下期仍有要公，复请宽数日，谨此声明，用志歉报。”6月21日，《时务报》第69期刊出《求是报馆告白》：“启者：本馆自出报后，迭承诸同志奖许，颇有畅销之势。讵不数月，即因资费竭蹶，遂尔中止，殊深叹悚。惟是本馆垫给各款为数已不赀，而所收各款尚不满五百圆，则此中难乎为继情形，亦当为诸君子所共谅。”可见，这时陈季同的经济状况颇为窘迫。但是，即便个人生活拮据，在1897至1898两年里，陈季同仍不时往返于北京天津上海之间，与维新诸公互通声气，推动变法。这时期，他和沈瑜庆、严复、郑孝胥、林旭、林贻书等在京津沪的乡党多有往来，为戊戌变法推波助澜。

1898年4月，上海成立亚细亚协会，陈季同在郑观应寓所参

加了亚细亚协会的集议。亚细亚协会是“旨在实现中日联交的组织。清政府联俄外交失败后，中国朝野寻求与日本结盟共同抵御俄国。日本为了阻止俄国在华利益的扩张，也展开对华工作，促成中国朝野的亲日倾向。郑观应作为上海绅商界的知名人士，与日本驻沪总领事小田切万寿之助共同发起成立亚细亚协会。由于时局变化，亚细亚协会未能展开全面活动而停止。但是该组织的成立在当时引起了很大反响，充分反映了中国朝野对中日联交既有期待又有疑惑的复杂心态。”陈季同有诗数首记其事，引录如下，可见当时中日双方民间人士的外交努力。《偶成示兴亚协会诸友》二首写道：

其一

花事阑珊春又过，风风雨雨度清和。
难胜寒气双肩耸，易老华年两鬓皤。
蚊欲负山兴亚细，蛇能吞象虑欧罗。
长安一局棋争弈，笑我闲观已烂柯。

其二

舆地曾经历几周，静将形势览全球。
再难欧土争蛮触，已把非人作马牛。
印度暹罗归掌握，越南缅甸尽搜求。
相依为命惟中日，唇齿兢兢保亚洲。

《即席和日本西村时彦》道：

唇齿本相依，当年先见几。
何如此杯酒，宾主共忘机。
兴亚肠同热，谈瀛愿当违。

多君看花眼，燕瘦与环肥。

另有《即席和永井禾原侍郎久一郎》道：

殷勤贤主宴嘉宾，一线吟成满座春。

花事阑珊怜晚景，萍踪遇合有前因。

漫云足迹沧溟遍，剩此头颅白发新。

珠玉在前艰附和，安能三舍避诗人。

从上述诗歌可以看出，陈季同放眼世界，深忧欧美列强瓜分亚洲和中国，所以与中日有识之士一起，努力促成唇齿相依、互利互助的新的中日关系。

陈季同等人在上海各领域紧锣密鼓地推动维新自强，同时，林旭等人在北京协助光绪皇帝变法图存。但是，1898年9月21日，历时百余天的戊戌变法失败。9月28日，林旭被斩，闽籍同党多如惊弓之鸟。10月1日，郑孝胥日记记载，陈季同邀他和林贻书等人至国秀堂，“谈往事凄感不已。闻刘光弟之妻缢死，五子，长者才八岁耳。哀哉。”

自甲午战事起到这时，陈季同在艰危时世中不顾个人荣辱得失，投身于促进中国自强变革的各项事业，但屡屡以失败告终。亚细亚协会成立不久，就因戊戌变法失败，康有为梁启超等人逃亡日本，引发中日关系再度紧张，该协会只能终结一切活动。陈季同有诗《又即夕感怀》写道：

罗马忆前游，匆匆十四秋。

桑田复沧海，旧恨更新愁。

重累双胡妇，余生一楚囚。

封侯无骨相，底事笔轻投。

或许正是由于陈季同在经济、政治上都再度陷入困境，他的法国夫人药爽只好携幼女离开上海，返回欧洲。

戊戌变法失败后，在荣禄、袁世凯、刘坤一等人的斡旋下，慈禧对严复、陈季同等部分鼓吹维新的人士网开一面，没有穷追不舍。1898年夏秋，黄河山东段再次决口，数十县被淹，灾民遍野，浮尸无数。这时，慈禧出人意料地任命从欧洲考察回国赋闲在家的李鸿章前往山东勘治黄河。因甲午战败和签订《中日马关条约》，李鸿章已赋闲多时。慈禧派他如此苦差，是想借老成持重的李鸿章，显示她对灾情的重视，以稳定灾区局面；另外，维新人士与李鸿章多有瓜葛，李鸿章的政敌上奏弹劾同情维新的李鸿章，派李鸿章离京赴山东治水也可堵塞物议。已届75岁高龄的李鸿章上折请求慈禧另选他人，但未被批准。11月30日，李鸿章只好离开北京，不过他此行对陈季同倒是有助。陈季同作为他的亲信和治河专家，被他要求与比利时工程师卢法尔一起到山东治理黄河。在陈季同和卢法尔的协助下，李鸿章采取近代西方科学方法，测绘全河情形，研究沙从何处生，水由何处减，探寻根治办法。1899年3月15日、20日，李鸿章派陈季同回上海设法购买比利时产的挖泥机船。陈季同跟随李鸿章历经4个多月的艰辛，总算完成了山东河工。此后，陈季同著有《治河刍议》，总结了他先后治理永定河和黄河的经验。

1899年秋，陈季同的大哥陈友如病逝上海。陈季同兄弟手足情深，薛绍徽概述其同怀情分道："羊徽被遇，荣及难兄；灵运能诗，传于弱弟。徐伯彦抚侄如子，马文渊事嫂甚恭。"长兄病逝，令陈季同无比伤心，他为弟弟陈寿彭新译的《中国江海险要图志》做校对，以此排遣悲伤、纪念亡兄。在维新失败、协助治河、亲人离世的凄凉、无奈和感伤中，陈季同终于送走了19世纪最后一抹残阳，迎来了20世纪依然黯淡的晨光。

第八章

东南互保 救灾华北

在“庚子之乱”中，八国联军攻陷北京，华北陷入混乱。为了保持中国南部的稳定，陈季同建议各地封疆要员与各国驻上海领事签订《东南互保章程》。他本人还协助中国救济善会北上赈灾。

20世纪对清王朝而言，注定是落日黄昏。1900年1月24日，慈禧太后企图废黜光绪帝，以绝后患。她依荣禄的建议，以光绪帝名义颁诏，称其不能生育，所以立端王载漪子溥俊为大阿哥，作为储君之选。此诏一下，天下哗然。1月27日，陈季同的好友、在上海一起创办女学堂和《女学报》的上海电报局总办经元善，领衔通电，请求光绪帝“力疾临御，勿存退位之思”。签名者有叶瀚、马裕藻、章炳麟、汪贻年、丁惠康、沈荩、唐才常、经亨颐、蔡元培、黄炎培等1231人。同时发表《布告各省公启》，要求各省共同力争，“如朝廷不理，则请我诸工商通行罢市集议”。各国公使也向慈禧提出警告，拒绝入贺。以慈禧为首的后党大怒，下令通缉逮捕经元善。陈季同和汪康年等诸友人奔走营救，“泰为伊事与陈敬翁再三布置妥帖，催其速归，奈伊家属不听。……但事已如此，自当设法解救，泰已函恳陈敬翁矣。”在陈季同等友人的多方营救下，经元善逃亡澳门，直到1902年才恢复自由，被允许返回上海，闭门居家。

“己亥建储”的闹剧在义和团和八国联军进京的炮火声中谢幕，载漪溥俊父子被发配新疆，慈禧废除光绪帝的企图宣告破灭。因义和团而起的“庚子事变”又给清廷带来重创。

早在华北陷入动荡混乱后不久，得知各国准备联合出兵干预义和团运动之际，陈季同忧心如焚，以他对列强实力的了解，他深知，战事一起，蛮顽的清廷注定惨败，如果战事扩大，中国南方也定将不保，所以，他以国际法为依据，紧急向南方数省的要员献策：应声明中立，东南互保，以免中国南方也陷入混战中，保存实力，暗中援救北方。他说：“事急矣！为今之计，南方数省建议中立，先免兵祸，隐以余力助北方，庶几有济。著为条陈，由道员沈瑜庆上诸两江总督刘坤一与鄂、粤两督会议，东南互保之约遂成。”陈季同还动员了在张之洞幕中的乡友郑孝胥等人共同说服南方诸督抚。

此时，陈季同的老上司李鸿章正滞留上海。清廷在6月21日向各国宣战的同时，一封接一封电报催促南方各省，要求各省封疆大吏率兵北上支持义和团“共同灭洋”；并诏令李鸿章由两广总督重新调任为直隶总督兼北洋大臣，慈禧的一纸任命是：“着李鸿章为全权大臣。”因为有甲午战败和《中日马关条约》的前车之鉴，李鸿章对清廷的新任命并不热心。他的部下和亲属也劝其不要北上，以免再成为清廷的替罪羊。李鸿章乘轮船至沪后，以身体不适为由，滞留上海，迁延观望。所以，在上海的陈季同才有机会再次向李鸿章等人出谋划策，促成稳定中国南方的“东南互保”。

由于陈季同的提议，在清政府尚未向各国宣战前，经不久前出任两广总督的李鸿章的首肯，铁路大臣盛宣怀、两江总督刘坤一、湖广总督张之洞、山东巡抚袁世凯、闽浙总督许应骙等紧急商议如何维护东南各省的稳定，避免给列强南下入侵全国的借口；同时密议倘若北京失守和两宫不测，当由李鸿章出任总统支撑全国危局。6月21日，清廷向11国宣战后，李鸿章、刘坤一、张之洞、许应骙、奎俊、袁世凯等人立即与各国驻上海领事签订了《东南互保章程》。这些地方要员声称清廷向列国宣战的诏令是在义和团胁持下的“矫诏、乱命”，东南各省必违抗此“矫诏”之命，不会支持义和团。7月9日，清廷税务司赫德转告英国

领事的要求：如果两江总督刘坤一、湖广总督张之洞“能正拳匪之罪，则保两宫、全中国、改传教章程皆可办到。”

为了维护中国南方的稳定，陈季同一方面为地方要员出谋划策，促成“东南互保”，另一方面，由于与湖南女诗人黄小琴等人有往来，陈季同和严复、容闳、宋恕等在上海的名流一起加入了黄小琴的乡亲好友、也是已就义的谭嗣同的好友唐才常发起成立的“中国国会”。7月26日，唐才常以“保国保种”为口号，邀集爱国名士在愚园召开“中国国会”，公推容闳、严复为正副会长，唐才常为总干事，发表宣言，阐明宗旨：保全中国自立之权，创造新自立国；不承认慈禧主导的清廷有统治中国之权；请光绪皇帝复辟等。唐才常成立此会另有目的，他把“国会”作为其发展成立的反清组织“自立军”的秘密机关，但包括陈季同在内的多数参与者对此并不知晓，只是“震于国会民权之新说，乘兴来会”。8月21日，在汉口的“自立军”总机关被破获，张之洞派郑孝胥审问唐才常，唐只求速死，以酬报两年前被斩的谭嗣同，第二天，张之洞就下令杀了唐才常等11人，“中国国会”就此解散。

慈禧在北京失守、仓皇逃往西安途中，诏令各地官兵剿灭义和团。同时，再度任命李鸿章为直隶总督兼北洋大臣，连续急电催其北上为“全权大臣”，与庆亲王奕劻一起同各国和谈。

1900年10月11日，李鸿章到达北京，他在拜会英、德公使后受了风寒，终因心力交悴而咯血，一病不起。病榻上的李鸿章与列强开始艰难的旷日持久的谈判，指挥着下属把中方的损失降到最低。

在李鸿章从上海启程奔赴北京的同时，陈季同、严复等在沪士绅也没有闲着，他们与陆树藩、郑观应等一起筹建慈善机构中国救济善会，又称赤字会，即后来的红十字会。陆树藩，字纯伯，号毅轩，籍贯浙江湖州。其父陆心源是著名的藏书家、版本目录学家。陆树藩举人出身，1892年进京候职任职。1894年陆心源去世，陆树藩丁父忧回籍守制。义和团事起，八国联军进京，华北一片狼藉，在上海的陆树藩发起组织成立救济善会，在沪的现职官员、归里京官、士绅贤达、商界名流等磋商决定，公推陆树藩为救济善会召集人，后为董事长，以营救滞留于华北和被困于津京两地的南方籍官商平民。因为陈季同是深受西方尊重的精于欧洲事务的前外交官，陆树藩请陈季同佐助他共克时艰。薛绍徽记载道："庚子秋，沪上士夫设救济会以赈北方之被难者，拉敬如兄公为舌人，龙旗之船始得由大沽驶入北河。"陆树藩在《救济日记》中自述道：

> 庚子夏，京津惨遭兵燹，官商之流离颠沛者，殆不下数十万，余不揣固陋，创设救济善会于沪上，合南方之财力，救北地之疮痍，但事不躬亲，难期实践，遂于闰八月二十二日，慷慨启行，是午同德医官贝尔榜、德人喜士、陈季同敬如、严复又陵、德文翻译洪中肇生，并司事家丁小工人等共计八十二人，登爱仁轮船，同出吴淞口停船。

清廷向列强宣战后，中国长江口及其以北的沿海交通权已完全被列强掌控，没有列强放行，中国轮船无法出行。此时八国联军总指挥是德国人瓦德西，熟悉欧洲外交事务的陈季同成了陆树

藩到华北赈灾的主要帮手。

1900年10月15日，陆树藩携德国医生贝尔榜、德国人喜士、李鸿章的老部下陈季同、严复以及德文翻译等82人冒险开船出吴淞口。陈季同、严复这两个福建船政留欧毕业的才俊临危受命，为陆树藩和救济善会赈灾船只顺利北上，与控制海上交通线的列强官兵斡旋。10月16日，陆树藩和贝尔榜、喜士、陈季同一起上了德国舰船“汉诺威号”，“船上有兵官四十二人，兵士一千五百人，各兵官下梯握手相迎，兵皆掣枪鹄立，延至官厅酌酒相敬，并极言外国设立红十字会之有益，并出纸索书姓氏，以为日后纪念，由敬如通语，至两下钟之久辞出。各兵官复送下梯，握手珍重而别。下午四下钟，爱仁轮船展轮出口，德兵船升旗发号致敬。”

在陈季同、严复的协助下，“爱仁号”轮船顺利北上，10月18日，“轮过威海卫、烟台，沿途见有日本、德国兵轮，互相升炮致敬。”10月19日上午，“爱仁号”抵达大沽口，“有德国红十字会船一艘，升龙旗致敬。潮水甚浅，即在口外下碇，各国兵船在大沽者，连樯云集，约计百有余号。”当天午后，陆树藩和陈季同、贝尔榜、喜士坐小火轮到达塘沽。10月20日，涨潮，“爱仁号”才得以进入塘沽停泊。10月21日，陈季同在贝尔榜、喜士的陪同下，坐火车到天津法租界所在的紫竹林会见瓦德西，但瓦德西已去北京，未能见到。《申报》报道说：这一天“陈敬翁已偕德国医官等乘火车到津，办理护照暨租屋等事”。

经陈季同协调斡旋，10月22日，德国军舰上有3个军官来“爱仁号”回访，陆树藩、陈季同等以酒食招待他们，双方

“商办红十字会各事，先派德兵一名，押一华民商船，为我会中装运粮食赴津之用。是时塘沽各华船皆归外人雇用，设非德人分拨，我会竟无船可用也。”由于争取到德国军舰的帮助，陆树藩组织来的救灾物资才得以从“爱仁号”转运到天津、北京救济难民。

10月23日，陈季同、严复又在贝尔榜的陪同下，再次坐火车去紫竹林。此时陈季同从天津赶往北京，除赈灾公干外，或许还私下探望了在病榻上与列强谈判的老上司李鸿章。入京的陈季同函告在天津的陆树藩“京城难民犹多，可以设法先行赴京”。

10月27日，陈季同从北京回到天津，住在法租界紫竹林开平矿务局督办张翼家中，陆树藩等人从塘沽到张宅与陈季同会合，一路所见，“由海大道至东门，尽成焦土，估衣街亦被毁，惟针市街尚完美。”

10月28日，陆树藩和陈季同到天津城内“察看丁公祠设救济善会分局”，后又出城，先后到紫竹林张翼府上和汇丰银行处理公务，回城路过英租界所在的海大道，碰上一队德国兵，德兵拦下陆树藩和陈季同，竟然要夺走他们乘坐的车子。陆树藩见状，怕出意外，立即下车相让，但陈季同不肯屈服于德兵，“与之争论，拔刀相向”，要与德兵决斗。幸亏陆树藩劝拉，陈季同才被迫弃车。陆树藩和陈季同只好“步行至南门外，适有二把手小车，不得已以五角洋雇坐，与敬如相对谈心，黑夜沿城西走，危险殊甚。敬如自谓生平遍历五大洲，从未受如此大辱；余谓我辈立意救人，虽受种种险恶，只求办成此会，此等横逆之来，不足为怪也。”

11月7日，陈季同写有《天津感事》诗：

盈虚消长亦前因，涕泗交并过析津。
华屋不留三片瓦，良民散作九州人。
弥天烈火茫茫劫，卷地愁风浩浩尘。
莫谓河山尚无恙，往来戎马正频频。

11月8日，陈季同还写有《救济会诗》一首：

一片慈航海上来，欢声北地若闻雷。
饥人得饱寒人暖，困者全苏滞者回。
弥补疮痍施药饵，收埋胔骨赠衾材。
仁风不独生存戴，感激应教到夜台。

同时，还填词《浪淘沙·善念在心头》：

善念在心头，一叶仙舟，余生残喘进归休。从此东南多少士，不欲漂流。　　魂魄正悲愁，白骨谁收？为安窀穸掩松楸。无复天津桥畔路，鬼泣啾啾。

从上述诗词可以看到陈季同面对惊心动魄的华北战后惨状，是如何倾尽心力协助陆树藩一起救灾恤难的。

陈季同、严复等人协助陆树藩冒险深入京津两地赈灾，深得当时士论的赞誉。11月14日，陈季同因事回到上海后，朋友们纷纷为他接风聚叙，他的挚友范当世有诗《善夫席上听敬如天津归来所述》写道：

辽金以往一千年，比似南朝更邈绵。
事有并为前代恨，民今独想昔人怜。
黄龙积雪迢迢地，苍狗浮云澹澹天。
不敢尽乘歌舞兴，固知同在死丧边。

著名女书法家吴芝瑛不仅题诗酬和陈季同“华屋不留三片瓦，良民散作九州人”一诗，还作笔力遒劲的大字草书横幅相赠，薛绍徽有诗《题吴芝瑛草书横幅》记此事，形象描述了陈季同华北赈灾的壮行：

我家兄公气湖海，吾舌犹存鬓欲改。
射猎虽遭醉尉诃，起居时有岛夷拜。
前年苦海乘莲舟，燕山胡马鸣啾啾。
关河蒿目歌慷慨，讵知传诵人赓酬。
和之不足复亲写，大书特书胡为者。
……
鲍家争唱到秋坟，我爱仲姬谱渔父。

薛绍徽化用李贺诗歌《秋来》句子“秋坟鬼唱鲍家诗，恨血千年土中碧”形容陈季同题诗所吟华北乱后死者无数、满目疮痍的惨酷景象，并用宋元易代之际赵孟頫夫人、著名女书画家管道升比拟吴芝瑛，用《楚辞·渔父》比拟陈季同和吴芝瑛相互酬唱的诗歌和书法作品，将华北涂炭、国几不保的悲愤隐于这首诗的字里行间。

第九章

效力两江　魂逝金陵

在艰难的国势中，陈季同受邀前往南京的江楚编译局，主持翻译西方典籍工作，并协助编纂《南洋官报》。在清廷下诏实行预备立宪后，他致力于编写启蒙国人的新教科书，终因过度劳累而猝死于任上。

1900年末，陈季同从华北赈灾回到上海，和陈寿彭、沈瑜庆、严复、郑孝胥等在沪亲友乡贤以及故交张謇、范当世、名士缪荃孙等往来密切。此时，慈禧挟持光绪等清廷中枢首脑依然流亡在西安，不肯回京，让老迈病重的李鸿章在北京与列强谈判斡旋。国事如此不堪，他们对清廷已是“意念各已灰”，只能在上海滩诗酒酬唱，抒发心中的愤懑。

1901年正月，陈季同迎来知天命的50岁寿辰，其弟媳薛绍徽为他作有《敬如兄公五十寿辰征诗启》，从文学、德行、经济、交谊、风怀等五个方面评述了他一生的功业。薛绍徽称此时的陈季同“老不逢时，踪迹逍遥于海上。座有孔融之客，半数英家；家无颜子之田，犹能挥霍。旷志怡情，奚惭谢安小草；平头白发，恰如和峤乔松”。

陈季同本来花钱就大手大脚，此时生活更加窘迫。即便如此，陈季同依然在上海过着“朋友诗酒为性命”的日子，其诗歌《又赠洪少兰》写道：

杨枝无力态轻狂，舞入章台势抑扬。
入幕安知鸿鹄志，逢春也逐燕莺忙。
罗裙翻酒盲人妇，紫玉成烟李十郎。
剩有酒诗供啸傲，朝朝暮暮且徜徉。

诗中描述他以风花雪月、诗酒酬唱的日常生活打发心中的无奈和愤懑。

1901年9月，经过一年多马拉松式的艰难谈判，病榻上的李鸿章指挥下属将列强从一开始提出的中国赔偿列强军费10亿两白银降到4.5亿两，分39年还清，年息4厘。4.5亿两，对应4.5亿中国人，“人均一两，以示侮辱”。命若游丝的李鸿章万般无奈之下接受了这个屈辱的结果，于9月7日和奕劻一起，同11国列强签订了《辛丑条约》。两个月后，11月7日，李鸿章含愤病逝。梁启超叙述李鸿章病逝道：“鸿章以八十高年，久经患难，今当垂暮，复遭此变，忧郁积劳，已乖常度。本年以来，肝疾增剧，时有盛怒，或如病狂，及加以俄使，助天为虐，恫吓催促，于邑难堪。……闻薨之前一点钟，俄使尚来促画押云。……临终未尝口及家事，惟切齿曰：‘可恨毓贤误国至此。’既而又长吁曰：‘两宫不肯回銮。’遂瞑焉长逝，享年七十八岁。”

目睹了国破心惊的华北浩劫后，老上司李鸿章的逝世也无法激起陈季同更大的悲哀了。生活还得继续。没有了李鸿章的清廷还在苟延残喘。在国势艰危中，两江总督刘坤一和湖广总督张之洞依然努力葆有一线变革的生机。他们上奏清廷，请求变法，设立新式学堂。他们在自己的辖区联合创建了江楚编译局。柳诒徵在《国学书局本末》一文中说：“江楚编译局者，光绪辛丑，刘坤一、张之洞会奏变法，议兴学堂，先行设局编译教科书，设局江宁，初名江鄂，后改江楚。以刘坤一自逊无学，编译之事，取裁之洞，宁任费而鄂居名，非合数省之财力为之也。”可见，江楚编译局是由湘军老将刘坤一出钱，地点设在南京，由刘坤一认为比自己有学问的张之洞挂名而创设的机构。11月，几乎于李鸿

章病逝的同时，陈季同应刘坤一的邀请，到设于南京钟山书院的江楚编译局（又名江鄂书局）主持翻译西方典籍工作，这或许算得上陈季同继承李鸿章遗志的一种努力吧。

1902年，刘坤一认为兴办新学“应从师范学堂入手”，筹划在南京兴办新式师范学堂。遗憾的是，刘坤一于1902年10月病逝，张之洞暂时署理两江总督。因为有了近一年合作江楚编译局事务的基础，张之洞继续刘坤一的未竟事业，开始创建三江师范学堂。不久，清廷又先后任命湘军老将魏光焘、李兴锐出任两江总督，但这两个人任期都不长。

由于两江总督频繁更换，刘坤一死后的一两年中，陈季同常常往返于南京和上海之间。1902年，对陈季同而言，如果还有什么值得高兴的事，那只有他的弟弟陈寿彭

清初江南、江西两省合称“两江”，康熙后江南分为江苏、安徽两省，但统辖江苏、安徽、江西三省的总督仍称两江总督。

短暂回到福州，在秋闱考中了第三十名举人后又回到上海。

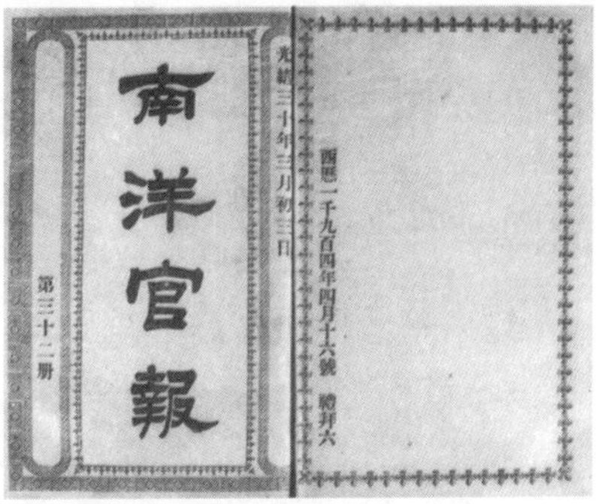

《南洋官报》（图片引自《学贾吟》，钱南秀整理）

1904年10月，陈季同的老朋友、任李鸿章文案出身的周馥出任两江总督，至1906年9月离任，这为陈季同的生活带来了转机。周馥是李鸿章最亲近的属僚，李鸿章临死前，因忧虑国事而不肯瞑目，是周馥赶到，搓揉其眼睛并发誓继续办好其未了之事，他才合眼离世的。

周馥出任两江总督后，立即加大力度兴办李鸿章、刘坤一等人洋务维新未竟之业。他和陈季同原来都是李鸿章在北洋时倚重的部下，李鸿章是他们俩的“恩主”，二人交情本来就不一般，周馥到南京主事，自然重用陈季同打理推进维新事务，这对陈季同而言是重大利好，所以，1904年，陈季同让原本打算到河南谋职的弟弟陈寿彭也举家迁入南京，帮助周馥编纂《南洋官报》。

这一时期，陈季同时常往返于南京上海间。1904年，东方出版社还出版了陈季同用法文撰写的独幕轻喜剧《英勇的爱》。在南京，陈季同与江楚编译局总纂缪荃孙共事，二人交往密切。缪荃孙，字炎之，又字筱珊，晚号艺风老人，是中国近代著名的藏书家、教育家、史学家、金石家，在他的《艺风老人日记》里，频频记载与陈季同商谈公事及谈文论艺的文字。在上海，陈季同与陈宝琛、郑孝胥、汪康年等老朋友时有诗酒之会。

1905年4月9日，陈季同代表周馥，出席上海日本人创办的东亚同文书院第二届学生毕业典礼并发表祝词。陈季同在周馥的讲话辞后加按语道：

> 日本与我同文固已久矣。……日人好学之志诚大可嘉。近年意国罗马、法国巴黎、德国柏林各都城均有中国学塾，此外若英美若俄，莫不于东方学校中设汉文专课，是则汉文之大同固已久播于列强。顾诸国所习究不若日本之精且速，何也？盖以日本与我比邻，且系同种之一家兄弟也者。所望同心同力共保亚洲，讲辅车唇齿之义，日益亲睦，岂仅于同文乎哉？此则中国政府学人之所愿，抑亦日本政府学人之所愿也。

东亚同文书院是日本人于1901年在上海创立的高等学校，专门进行“中国学”研究，其办学的一大特色，是组织历届学生对中国进行长达40余年的实地调查。在1901—1945年间，东亚同文书院的学生5000余人先后在中国开辟旅行线路达700余条，调查除西藏以外的中国所有省区的社会状况，内容涉及地理、工业、商业、社会、经济、政治等多方面。陈季同的祝词延续了1898年上海成立亚细亚协会的愿望，希图促进中日团结合作，共保东亚不被欧美俄等列强宰割。这样的美好愿望在后来侵华之心日益膨胀的日本陆军少壮派兴起以前，是中日双方有识之士的共识。

周馥主政两江并兼任南洋大臣，陈季同兄弟成了他维新变革的重要助手，他授权陈季同负责《南洋官报》和编译两局事务。

清末至民国时称江苏、浙江、福建、广东等沿海各省为南洋，称江苏以北沿海各省为北洋。

周馥莅临两江才一年多，就推进了不少事务。1906年，在周馥及其夫人共庆七十寿辰之际，陈季同的弟媳薛绍徽有《代拟南洋周制军暨配吴夫人七十寿序》一文，此文应该是薛绍徽替作为周馥左膀右臂的陈季同陈寿彭俩兄弟草拟的。文章铺叙了周馥治理两江的成就：

“公于是自三江师范学堂以下，增广学室学额，又保存上海复旦公学”；“公于是整顿银元局，添建新厂”；“公于是修江宁府城，开筹捐局”；“公于是裁善后局，设官银号”；“公于是请撤江北巡抚，以提督代之”；“公于是广下关，通商场，设迎宾馆，议开海州商埠”；“公于是设督练公所，改旧营制，行征兵之令”；“公于是以南洋师船并沪上制造船坞，合北洋海军”；“公于是兴商务陈列所、验矿公所，派员至印度考查种茶制茶诸法；又渔业公司，

创绘渔界海图”；“公于是为《南洋官报》加增日报；并为江楚编译局广聘译员；更设官书局，售出版诸书。”

薛绍徽铺叙周馥治理两江一年的功绩里，自然也有陈季同陈寿彭兄弟劳心劳力协助周馥的成果。

但是，两江及南洋长期是以曾国藩为首的湘军领袖们和张之洞的地盘，所以，有些人对周馥在两江推行的一些新举措影响到他们原有的利益格局心存不满。1906年8月8日，郑孝胥日记记载他听到沈瑜庆诵读《南京白字诗》：“‘昔日一科房，今朝督部堂。亲家袁世凯，恩主李鸿章。瞎子兼聋子，南洋属北洋。金陵旧游处，瓦石响丁当。’吴人嘲周馥之作也。”

沈瑜庆的父亲沈葆桢1879年卒于两江总督兼南洋大臣任上，他与李鸿章同年进士，是同僚又是朋友，生前与李鸿章共同致力于推进中国的维新变革事业，二人在维新图强事务方面配合较为默契，所以沈瑜庆颇为关注两江和南洋事务。而郑孝胥长期是张之洞的幕僚，他在日记里专门记下这首诗，显然是对周馥主持两江事务的揶揄。张之洞及其幕僚虽然也努力“维新图强”，但他们在立身处世上与李鸿章及其幕僚还是很不一样的。即便长期任事于张之洞幕府的辜鸿铭，在张之洞逝世后，也对“亟力为国图强”却“学之不化”的张之洞评论道：“文襄帅天下以富强，而富强未见，天下几成饿殍，此盖其知有国而不知有身，知有国而不知有民也。即此可见其学之不化处。”

梁启超则对比张之洞与李鸿章道：“张何足以望李之肩背。

李鸿章实践之人也，张之洞浮华之人也。李鸿章最不好名，张之洞最好名，不好名故肯任劳怨，好名故常趋巧利。之洞于交涉事件，著著与鸿章为难，要其所画之策，无一非能言不能行。鸿章尝语人云：‘不图香涛做官数十年，仍是书生之见。’此一语可以尽其平生矣。至其虚骄狭隘、残忍苛察，较之李鸿章之有常识有大量，尤相去霄壤也。”

1906年前后，各地要求清廷重新变法维新的呼声高涨，迫于形势，慈禧在9月3日以光绪帝的名义下诏决定“仿行宪政，大权统于朝廷，庶政公诸舆论，以立国家万年有道之基”。陈季同在周馥的支持下，和缪荃孙等人一起编撰，并于这年10月、11月先后出版了《历代史略》《国朝事略》《日本历史》《孝悌忠义图说》等启蒙国人的新教科书。他为这些书作序，指出：“史贵就时势而立言，如泥古而不通，今非至当。”“方今我国百度维新，士庶咸知向学，即普通教育亦宜以现时事略为尚，俾先知本朝掌故，而后更进其深，渐涉二十四史堂奥……”陈季同为了启蒙国人维新自强，努力通过编译现当代历史教科书，让国人尽快了解自己所处的现实世界，并开眼了解日本等域外异国的历史和现状。因此，他主张国人读史，应向西人学习，“多从现时而近古，反溯而上，诚以现时事略为最急切有用”。他说的“现时”，指的是“十八九世纪事”。这些话语足见陈季同努力推动中国变革的迫切心情。在为《日本历史》作的序中，陈季同说道：“尔来吾国百度维新，欲求泰西富强之术，咸取捷径于东

学，……若彼国之史，我之学者诚不可以不知。……故本局既译《日本史纲》，又编《日本历史》也。……吾愿此后照是书例，更编译欧、墨诸国历史，惠我后学，并补旧史外国传之不足，岂不善欤？勿谓所作之难犹胜于日本也。谨悬此志，勉我国人，亦用以自勉。”

陈季同希望通过编译中外历史教材，启蒙国人正确认知外部世界的变化，顺应世界潮流，维新自强。此时，他对自己致力于启蒙国人维新自强的事业满怀信心，希望继续编写欧洲各国历史“惠我后学”。但非常遗憾，1906年底农历正月间，即1907年1月1日至1月23日间，陈季同忽然病逝。据缪荃孙《艺风老人日记》记载：他在1907年1月1日尚“约谈陈敬如”，但1月23日，缪荃孙“为葱石印《琵琶图》并送《琵琶记》与敬如。惊闻敬如已故，即往问讯，并清账目。”李华川据此推断，陈季同大约亡故于1907年1月22日。

陈季同的死似乎并没有前兆，他一直忙于编译撰述有助于启蒙国人的书籍。1906年12月，临近年关，江楚编译局还编成并出版启蒙儿童的《孝悌忠义图说》教材四卷，陈季同为之作序，希望这本以“图像”为主的教材能够“感发”儿童的性情，“循循善诱”儿童之心，“使后生小子于纲常伦理大义皆能晓然，未始非德育之一大助。谚云：教子婴孩，挽回薄俗，培养正人。是书之功效正未可量……以为其所辖江宁四十区初等小学堂诸生修身之助。”作为驰誉海内外的一代文学名士，陈季同竟然肯为启蒙儿童而花心力，足见这一时期他为推进维新事业而亲历亲为的辛苦事实在太多。他临死之前还笔耕不辍，拳拳系念于启蒙国民的教化工作，终因过于劳累而猝亡。

1905年秋，原本在南京协助陈季同工作的陈寿彭，奉檄赴沪监造《渔业海图》，携其妻薛绍徽等家眷离开南京到上海，并于1906年完成《渔业海图》后，奉命带全家到广东为官，所以，陈季同病逝南京，与他手足情深的陈寿彭却不在身边，这是他临终前的一大憾事。

三乘槎客陳敬如手著

學賈吟

己酉莫春
振金謹注

第十章

金声玉振　空谷传响

纵观陈季同的一生，他才华横溢，恃才放旷，是晚清难得的熟悉涉外事务的专家，尽力维护中国的利益。他在寻求自强维新方略的同时，拓展了中西文化交流，为中国文明融入世界作出卓越的贡献。

陈季同去世时，清廷正“预备立宪”，企图摆脱执政的困境。然而，时间已不待清室，摇摇欲坠的清廷终于在辛亥革命中垮台。此后数十年，中国进入了分崩离析的内战与外患之中。作为19至20世纪之间致力于维新图强的中国人，身处千百年来中国社会未有之困局，在迅激动荡的世变之中，卓俊如陈季同，也只能是惊涛骇浪中腾空而起、瞬息湮没的一朵浪花而已。

陈季同身后萧条，临终之际，与他感情最深的弟弟陈寿彭又远在广州。其丧事由他在沪宁两地的故交亲友帮助善后。郑孝胥在1907年2月1日的日记中记载与友人“谈陈敬如身后事”，联名筹资以赡抚陈季同的家属。3月5日，缪荃孙还在日记里记载此日“吊陈季同”。陈季同的曾孙女陈书萍回忆：陈季同“那年在南京因患脑溢血猝然离世，留下他未竟的事业与诸多憾事，据说是同乡好友陈宝琛、郑孝胥等为他主办丧事，家人将他的灵柩运回福州，安葬在长兄友如公的身旁。”陈季同的墓地在今天福州城西洪山桥附近的大腹山（今又作“大富山”），后来，其弟陈寿彭弟媳薛绍徽等也归葬此处。陈家长期雇有守墓人住在此私人墓山前，负责打理墓山事务，直到1960至1970年代，此山才被充军用。大约是2004年，笔者曾陪同陈书萍女士、钱南秀教授一起前去探访陈季同的墓

陈季同墓碑（图片引自《学贾吟》，钱南秀整理）

址，只见四周老树森然，乱草丛生，这寂然荒芜恰是被乱世长久湮没的陈季同命运的真实写照。

然而，大浪淘沙，被淹没的金子总有闪光再现的时候。近些年来，随着中国改革开放的深入推进，与世界的交流合作日益密切，陈季同再度以其难以抗拒的魅力吸引令人的目光。这些年来，对陈季同的研究日益深入和丰富。1999年，桑兵博士在《中国近代史研究》发表《陈季同述论》，指出：“陈季同是近代史上一位风云人物，从洋务运动兴起，首批留学欧洲，早期随使驻外，甲午折冲樽俎，到甲午保台自立，戊戌变法维新，庚子中国议会，乃至革命思潮发源，30年间每一大事出，他几乎都适逢其会，或任重要配角。同时，他又是近代中国有数的西法专家，促进中外文化文学交流的先进，以及继王韬之后中国与欧洲汉学界交往史上的另一个阶段性代表。其人品虽有可议之处，其心路历程却反映了一个民族步入世界的悲喜艰辛。”

陈季同人品的“可议之处”是什么呢？其实是当年尚无法完全认知西方文化价值的朝中人士对陈季同的非议。这些非议主要集中在：陈季同个人日常生活非常欧化，不仅娶了两个法国太太，而且花钱大手大脚，“生平不问家人生产，所得随手辄尽”。正是这种欧化且不失贵族公子哥做派的生活（作为外交官，社交频繁部分是职务所应有之举），让他在法国欠下不少私债；加上在欧洲生活太久，他对中国官场习以为常的上下等级之别似乎有所不拘，而他的才华声名在欧洲又超越他的中国上司，所有这些都引发了一些同僚对他的嫉妒和不满。薛福成因此以“私债”问题令他去职回国受牢狱之灾，这成了他一生中被人误

解和指摘的“污点”。直到1898年，张之洞还当面向陈衍了解陈季同的为人，陈衍回答说：“季同不修边幅，滥用钱，有之。然未尝媚外。薛叔耘忌之，其言不可信也。”薛叔耘即薛福成，已病逝于1894年，张之洞此时还因为薛福成的话而疑虑陈季同，足见多年前薛福成让陈季同身陷牢狱之灾，这对陈季同的声誉造成多么不利的久远影响。2004年，李华川博士出版《晚清一个外交官的文化历程》，就陈季同的“私债问题”客观地辨析其本末，还给了逝世近百年的陈季同一个公道。

陈季同在私生活中花钱随意，又好仗义疏财，薛绍徽称“禄秩散之亲故”“丰俭共于乡家”；入狱后仕途受挫，经济来源的稳定性更受影响，这使得他的日常生活颇为拮据窘迫。但这些难堪和打击并没有影响陈季同在公共事务中继续为推进中国社会维新自强而作出热诚的努力。

除“滥用钱”被人非议外，陈季同遭非议处还有“媚外”一说，陈衍对此断然否定，斩钉截铁地告诉张之洞陈季同“未尝媚外”。陈季同负此恶名，实与他作为晚清最早的外交官和李鸿章处理外交事务的心腹股肱这一身份有关。多年来，因为对丧权辱国的清廷的不满，众多历史书籍将活跃于外交舞台的清廷官员一概贬斥为“媚外”，殊不知弱国无外交，无论李鸿章还是陈季同，其实都在艰难困危的时局中忍辱负重，与列强谈判周旋，努力做到不卑不亢，竭尽全力减少中国的损失，维护中国的权益。清廷在其末世不得不与列强共舞，但精于涉外事务的人才极其有限，尤其能够与列强不卑不亢针锋相对、力求保存中国利益的外交人才更为稀有，这不仅造成世人对陈季同的误解，也造成清廷在涉外事务中往往进退失据，难破困局。1900年八国联军侵华期间，陈季同协助陆树藩赴华北救难，两人有过深谈，都认为："此番变局，误于不通洋务者，惟有怨恨畏惧，而不知自强；又误于熟悉洋务者，只知谄媚逢迎，而不知大体，所以有今日。""与洋人交涉，不在能通语言文字，第一要明白道理，遇事能据理力争，洋人自然敬服。"作为近代难得的外交人才，陈季同终其一生都在困境中殚精竭虑维护中国的利益，但时势阻遏了他的作为，他在《即事》诗中抒发了自己为国事担忧却无可奈何的悲哀：

逐逐耽耽渤澥边，大家纷著祖生鞭。
渊深忍见鱼争跃，雪厚翻教马不前。
叹息养疽惟割地，可怜流涕莫回天。
而今卧榻容酣睡，朝食难期夜不眠。

无力回天的痛楚不仅仅属于陈季同一个人，也属于李鸿章，更属于清廷和那时的整个中国。如果没有李鸿章、陈季同这样还在竭尽全力通过外交手段维护中国的人物，晚清的中国"会更加脆弱，不堪一击"。正如范当世吟咏陈季同的诗歌所说："平心论吾曹，谁能补时局？所争在有志，岂必定无欲。"在当时的中国，无论何等英雄人物，都无法让清廷起死回生了。而李鸿章、陈季同等人所努力的，只能是尽其所能将中国的损失降至最少。

陈季同生前，不仅有陈衍，还有范当世，也为陈季同背负莫须有的污名打抱不平。范当世有诗吟咏陈季同道：

世上皆安乐，而君独苦辛。
明明日月照，莫辨汝为人。

史迁七十传，独服李将军。
桃李不言者，名声天下闻。
陈汤一树奇，百谤犹能理。
无命复摧之，尘埃老吾子。
……

范当世将陈季同比作汉朝名将李广和陈汤，他们都能征善战，工于筹划应对化解西汉周边外族入侵的压力，但和陈季同一样，都遭到当权者的嫉妒和排斥，晚景凄凉。可是，桃李不言，下自成蹊，范当世在这组诗的最后安慰陈季同道："方知此道宽，无人横相訾。"相信历史最后会还陈季同一个公道。

1907年，清廷调陈寿彭入京，任邮传部主事。陈寿彭夫妇从广州北上途中，经上海，专门到其亡兄故居凭吊，薛绍徽有诗《上海过敬如兄公故宅》道：

功德元方孰与俦，将军猿臂不封侯。
屋乌犹在宾朋散，谁识当年百尺楼。

和范当世一样，薛绍徽以受党锢之祸的汉朝名士陈纪（字元方）和无法封侯的汉朝名将李广来比喻陈季同，悲叹其命运乖蹇；同时，薛绍徽还将陈季同比作东汉名士陈登。陈登字元龙，为人豪爽，才学渊博，有济世救民之志，曾助曹操灭吕布，"百尺楼"还关联着陈登的典故。陈季同用"百尺楼"命名自己在上海的居所，含有继承陈氏先辈流风遗韵的意思，同时，可能还化用了唐朝诗人王昌龄《从军行》中的诗句："烽火城西百尺楼，黄昏独上海风秋"，并兼用苏东坡诗《次韵答邦直子由》中的句义："恨无扬子一区宅，懒卧元龙百尺楼"，我们从中可以看到陈季同的性情和胸怀。陈季同无论生前还是身后，无论遭遇多少误解甚至毁谤，他的才华与成就始终经得起似水流年的涤荡和检验。纵观陈季同一生的作为，仍值得令人回味和深思者有几个方面。

其一，作为西学东渐的早期浸染者，陈季同既能面向世界，又能立足本国，寻求维新自强方略。

陈季同和严复等福建船政毕业生，作为中国第一批留学欧洲的精英才俊，无疑是推动中国学习西方、面向现代化、面向世界、面向未来的先驱人物。难能可贵的是，他们既能虚怀若谷地学习西方，又不忘守护中华文明安身立命的文化基因。陈季同是在中国传播现代西方文明的先驱。他在驻欧期间，耳闻目睹了社会主义思潮和工人运动的兴起，对社会主义有自己的认识，在《中国人自画像》中，他在论述“教育”时写道：

> 至于说到社会主义，既然必须有某种形式的社会主义存在，我倒宁愿它是国家社会主义；在这一制度下，一切都能在公众舆论的保护下得到有条不紊的管理。我不愿选择那种异想天开、只能导致无政府状态的社会主义。正如我们的一句谚语所说：宁为太平犬，不做乱离人。

陈季同不认同“导致无政府状态的社会主义”，而认同“能在公众舆论的保护下得到有条不紊的管理”的“国家社会主义”，这对后来社会主义在中国的兴起和发展是有相当的启迪的。李华川指出：“陈季同提到社会主义并且赞同‘国家社会主义’，则早在1884年。1890年，他又用社会主义来诠释中国的大同理想。因此，我们认为，就现有的材料来看，陈季同是近代思想史上最早提及社会主义，并对其表示赞同的中国人。”

和严复一样，陈季同努力向国人普及现代西方的法治文明和民主理念。严复将孟德斯鸠《论法的精神》译为《法意》，陈季同在自己办的《求是报》上从始至终连续12期连载他翻译的《拿破仑律例》，即1804年公布的《法国民法典》，又称作《拿破仑法典》。陈季同在所加按语中特别强调指出：西方法律制度是使其“亿万一心以致富强”的关键所在，因而自己“不惮烦难”翻译此书成中文，以期有利于中国的维新图强。他说：

> 溯自海禁开后四十余年，讲通商、习洋务者实繁有徒，而能不亢不卑、折冲樽俎者颇不数觏。病在于未能知己知彼也。问泰西何以强？则曰轮船枪炮。何以富？则曰通商开矿。殊不知轮船枪炮、通商开矿若无律法以绳之，安能亿万一心以致富强哉？

李华川指出：《拿破仑律例》“所体现的西方民主制国家的政体特点相当明显”，涉及“立法之权”“行法之权”等议会民主制度的具体形态，“是关于西方民主制度的简明教材，将促使晚清读者反思中国的政体形式，对于改良清朝现行政治制度将起到某些积极影响。”

陈季同无疑是晚清热忱的爱国志士。当台湾被清廷出卖之际，陈季同以大无畏的气概努力设法用“民主国”的新政体形态保全台湾，以免台湾陷入日本之手，这尤可反映出他超越流俗、独立不羁的自由理念与勇毅担当。

1899年，为了让中国各界重视海防，陈季同对陈寿彭翻译英国海军海图官局编纂的《中国江海险要图志》给予细心的关注和指导，他对此书“批阅数四”，认为“原书有所未备”，为该书提出修改意见，亲自“搜罗秘集以及领事署档案”，要求陈寿彭补译关于“雷、琼、廉一带”即中国南海一带的海域资料，并为全书的出版做了认真的校对。

陈季同在生命的最后两年里，一方面积极编译中外历史教材，以启蒙国人正确认识世界的变化，另一方面致力于弘扬中华民族优秀的“纲常伦理大义”，为少年儿童编写《孝悌忠义图说》。当时有人不解地质疑陈季同此举，对他说：“际兹百度维新，不以格物致知授人，而于故纸堆中搜求故事，勿乃顽固太甚？”他回答说：“不然。夫修身为学者之本，孔子曰：身修而后家齐，家齐而后国治，国治而后天下平。是修身者，学者不可须臾忽也。”他批评当时的启蒙教育只重视教给少儿认字识物的知识技能，“而于修身一门反置其次”，导致青年学子“一入学堂，即染见异思迁之习，一经游学，即怀自由平等之心。风气初开已如此，他日愈趋愈下，将伊于胡底耶？”

可见，陈季同与严复、辜鸿铭一样，在全力学习西方文明的同时，都能坚定地保有中国文化的主体自觉，希望中华民族以不卑不亢的姿态屹立于世界民族之林。

其二，陈季同以身垂范，推动了现代男女平权理念在中国的生根发芽。

陈季同的女性观比较复杂。一方面，作为外交官，为了树立中国的正面文明形象，陈季同在欧洲著书立说，甚至为中国的纳妾制度和女性裹脚等进行辩护，当然，他自己也反省道：“我意

识到我是在谅解这种制度，而不是维护它，并且我正在试图忘掉它，它终究只是远古习俗的忠实延续而已。”另一方面，在实际生活中，其家庭生活却是中西合璧的，可以说，他的女性观是：既对中国传统妇女观抱有一定程度的“历史地同情与理解”，又更趋向于受西方影响的新妇女观。他娶法国太太，一起生儿育女，充分重视让妻女走向社会，发动妻女一起参与办学办报，和妻女一起推动中国妇女接受现代教育、参与社会公众生活，促进中国维新改革事业的发展。不仅如此，他还带动其弟陈寿彭、弟媳薛绍徽等一起参与他积极推动的维新自强事业。在他的引领和鼓励下，为救济庚子之难中的京津难民，文采非凡的薛绍徽写下《代救济善会拟致高丽国王书》，希望当时的高丽能够援助华北难民一些粮食。由于陈季同陈寿彭兄弟充分尊重女性的自主权利，所以，薛绍徽甚至在陈季同陈寿彭兄弟介入其中的提升妇女权益的具体做法上，都能提出自己独特的看法，表达不一样的立场，这是接受了欧风西雨的陈氏兄弟给予她充分的理解和尊重的结果。在中国社会向现代转型过程中，男女是否能及在多大程度上实现“平权”，这不仅有赖于女性自身的努力，更需要男性的理解和援助。陈季同陈寿彭兄弟身体力行的实践，堪称是推动中国现代意义上的男女平权事业的先驱和典范。

其三，陈季同继承并拓展了中华文艺形态，为中华文学艺术增添了新的文本范式。

陈季同既是西学东渐的领军人物之一，更是近代中学西传在欧洲最早享有盛誉的中国人。他不仅以忠实于原著的译文将西方文明传播到中国，也将中华优秀典籍和文明成果译述到欧洲。陈季同是近代不可多得的翻译名家，1899年，严复向主持南洋公学译书院的张元济推荐寥寥无几的翻译能手时，就将陈季同列名其中。沈瑜庆说陈季同“每当译书时，目视西书，手挥汉文，顷刻数纸”。

1891年陈季同回到中国后，英国、法国甚至美国依然在出版他的著作。1898年，他在上海从事维新事业时，结识了年轻的曾朴，将雨果、拉伯雷、拉辛、卢梭、伏尔泰、蒙田、大小仲马、丹纳、左拉、莫泊桑、佛朗士等法国文学的经典作家系统地介绍给曾朴，在他的影响下，曾朴不仅创作了《孽海花》，还扩大了法国文学对20世纪中国文艺界思想界的影响。曾朴自述道：陈季同成了他“法国文学的导师”，“我自从认识了他，天天不断地去请教，他也娓娓不倦地指示我。他指示我文艺复兴的关系，古典和浪漫的区别，自然派，象征派，和近代各派自由进展的趋势……又指点我法译本的意、西、英、德各国的作家名著，我因此沟通了巴黎几家书店，在三四年里，读了不少法国的文哲学书。”

可以说，陈季同是中国研究法国及西方文学第一人。他不仅最早向国人系统地普及推广欧美现代文学，而且身体力行，突破汉文学轻视小说戏曲的创作传统，采用西方的小说和戏剧文体进行中文创作。严复认为陈季同“文字稍拖沓”，这是因为陈季同深受以铺叙见长的西洋小说戏剧文体影响。2009年，著名现代文学史家严家炎指出：“五四”文学思潮，其源头可上溯到19世纪80年代末90年代初。这个源头上，存在着三座标志性的界碑：一是黄遵宪，提出了“言文合一”的理论主张，为白话文学开辟了较为宽广的途径；二是陈季同通过法文著作和中文材料，提出了

小说戏剧亦中国文学之正宗，世界文学乃中国文学之参照，倡导大规模的双向翻译等间接主张，对中国文学现代化起到了相当重要的促进作用。三是两部有现代意义的长篇小说，其一是1890年陈季同用法文出版的《黄衫客传奇》，在欧洲较有影响。在严家炎所说的“三座标志性的界碑”中，陈季同独占两处，足见他对推动中国文学现代转型的非凡作用和影响。

由于陈季同的先导作用，其后，福建涌现出一个又一个双向译介传播中西文明的名家，如严复、辜鸿铭、林语堂、冰心、林徽因等，这些在国际社会享有盛誉的闽籍翻译家为推动近现代中国融入世界文明作出了卓越的贡献。

陈季同还擅长中国古典诗歌创作和书法创作。钱南秀指出：“季同诗作，兼有同光、维新两派特点，打通了唐诗宋诗的界限，融中西学问于对仗韵律之中。”陈季同手书诗集《学贾吟》，“正可见其

同光体是清末民初诗派之一，以陈三立、陈衍、沈曾植为代表。论诗不墨守盛唐，而以宗宋为主，重视学问修养，追求“学人之诗”与“诗人之诗”合一的境界。因人数众多而取向有异，又有江西派、闽派、浙派之别。

于东坡书下力之深也。”

陈季同不仅书法由苏东坡出，其面对人生逆境而依然豪迈旷达的气度胸襟也一如苏东坡。他对自己回国前后的人生转折有诗《偶成》吟咏道：

千金访秘书，百金装宝剑。
足踏鼋鼍行，手与蛟螭战。
悲歌慷慨徵声变，男儿出塞重义气，不在彤弓与羽箭。
笑煞凿空博望侯，乘槎何处贯斗牛。
不探河源探草木，载归苜蓿与石榴。
百年求树人，十年求树木。
计吏拙持筹，司农嗟仰屋。
难得人才能辈出，休将失马悲塞翁。
似祸焉知宁非福，当日徒劳灌溉心。
纷纷桃李多成阴，未许栋梁成大厦，自凋自落深山深。

和苏东坡一样，陈季同是一个对生活、对世界充满热情的乐观主义者，同时，他还是一个主张中西一家、推动世界和平的理想主义者，他在著作中反复陈述他“天下一家”的思想：

使中西文字融会贯通，如天衣之无缝。谁谓天下非一家哉？——《珠江传奇》序言

在这里（指卢浮宫），我看到过去曾被敬仰的所有偶像，今天都成为世界人民的笑料。我以一个冷漠的散步者的身份，从过去万能的君主面前走过，此时，我只看到伟大人民的历史在眼前展开；他们曾有一天统治过地球的大部分，然后又在大地上消逝了。我感到，今天

的偶像和统治者并不比过去的更为不朽。我忽然理解了国家之间的互相吞并有多么愚蠢。国家注定都要在战争中消失。为了避免毁灭的命运，只有一个办法，即相互理解、筹划和平而不是准备战争，让安宁和幸福统治整个和谐的地球。——《巴黎人》

一个新时代将在地球上开始。面对这种跨越边界和无视海关的奇妙工具（指氢气球），人们会感到团结如兄弟。在科学创造的美好未来，总有一天将天下一家，那时从东到西，全球都来庆祝人类和解的盛大节日。——《巴黎人》

人种是多样的，各个社会也有差别。但每个社会根据它们自己的定义，都是充满感情的……

在人类全体中，诗歌源于情感，这一点毫无差别。我们热爱诗歌、音乐、风花雪月，以及大自然创造的所有奇迹。如果我没弄错，这也是文明的普遍特征。

即使人类远隔天涯，全世界的人心都是相同的。

由于有了这样第一性的自然基础，我们将能够相互理解，而且科学也为我们了解对方创造了便利。正如我们所期望的，我们将避免战争和它的灾难性后果。

平等产生博爱，爱战胜战争。毕竟，这可能是惟一的希望和最严肃的保证。——《巴黎人》

种族和国家之间的敌意所造成的误解将逐渐消失。经过19世纪强大文明的启蒙，世界上最不同的国家之间也会越来越趋向和平与友爱。

> 这是对未来几代幸福的一种乐观展望。尽管偏见尚存，我们预见，敌意将缓和，过去那么明显的分歧将越来越小，可能在不久的将来，会最终消弭于和解之中。
>
> 至少这是我已表达了多次的坚定信念。时间只是在我心中又增加了这种人道主义的希望。我可以肯定，你们所有人都将与我一起衷心地呼唤这个幸福时刻的到来——古老的亚洲将和年轻的欧洲及更年轻的美洲，携手奔向全世界友爱的美好明天。——《巴黎人》

今天，现代高科技引领全球化浪潮席卷世界，尽管世界依然并不太平，我们诵读100多年前这些充满理想主义激情的光辉文字，但我们不得不对今人正努力实践的陈季同的理想情怀油然起敬。古人说“立德、立功、立言”，此三者可确立人生的不朽，陈季同堪称在德行、功业、文学三方面都有非凡成就的一代名士，凭此足以永垂不朽矣！严复曾题赠陈季同一副气势恢宏的对联：“照古腾今，不朽之业；穷理尽性，载道为文。”这是严复对自己和陈季同一生作为的自信期许。钱南秀指出：“陈季同博学通才，术兼中西，大处能运筹国策，细处能经办实业。……更难得的是，他一生以天下国家为念，屡受误解而不变其对国对民的一片赤忱，是真正做到了‘大公无私’”。赏识陈季同的郭嵩焘和陈季同一样，因先于时人对世界新变化新格局有深刻的认识，呼吁国人虚心学习西方而被迫去职，抑郁终老。郭氏晚年自评道：“流传百代千龄后，定识人间有此人。”此语也适用于为陈季同盖棺定论，不过，他们两人相似的命运遭际至今足以警醒还在现代化路上的中国人。

结　语

20年前，当我关注到清末福州才女薛绍徽其人其文时，对其文集中多处赞誉其夫兄陈季同颇感兴趣。2003年我将点校出版的《薛绍徽集》寄呈我在杭州大学就读时的老师周启诚教授，请他斧正，周先生来信说看到薛集中提到他的曾祖父两江总督周馥，非常欣喜，这再次激起我对周馥的密友陈季同的兴趣。大约在2004年，陈季同的曾孙女陈书萍偕同钱南秀教授来福州，通过时任福州市社科联主席叶翔先生联系到我，请我设法带她们进入陈季同墓山，即位于福州城西的大腹（富）山。路上，陈书萍女士惠赠我李华川博士研究陈季同的力作《晚清一个外交官的历程》，钱南秀教授告诉我她在上海图书馆发现了陈季同的手书诗集《学贾吟》，拟拍摄陈季同墓图片资料，与该书一起影印出版。当我们一行终于寻访到淹没在丛生杂草中的陈季同墓时，感喟万分。记得当时因要拨开一米多高的乱草寻找进入墓区的山路，我的一只鞋子掉了跟。当时，我正忝掌福州大学人文学院。从山上回到学院办公室，我立即致公函给时任中共福建省委主要负责人，请求有关部门保护好陈季同的墓地。不到一个星期，相关人员打电话回复我说：“已将情况通报省军区领导，并请军方落实保护。”我得电颇感欣慰。后来，我调换工作单位，没有再继续跟踪留意此事，如今，十余年过去了，陈季同墓地的保护状况到底如何，我不得而知。一年多前，福建省社科联有关同志一再催促我撰写关于陈季同的普及读物，我对陈季同只是感兴趣，并未投入时间精力深入研究，所以却之再三，不敢允命，就向福建省社科联推荐了对陈季同有研究的其他学者。但社科联的同志联系这些学者未果之后，又再四请我完成此任务。为了让更多人了解陈季同，无奈之下，我只好应允编撰此书。好在已有桑兵博士、李华川博士和钱南秀博士、黄兴涛博士等人精到的研究成果作为参考，所以，本书才能在较短时间内编撰完成。桑兵博士、李华川博士、钱南秀博士、黄兴涛博士等省外、海外学者对陈季同其人其文的重新评定，功不可没，值得福建学人礼敬！同时，感谢福建省社科联领导对陈季同的重视，积极玉成此书的撰写和出版。文责自负，拙书不当之处，敬请读者诸君批评指正！

林怡

于福州白马河畔小柳

2017年10月5日中秋后一日

参考文献

1. 桑兵. 陈季同述论. 近代史研究，1999（4）.

2. 李华川. 晚晴一个外交官的文化历程，北京：北京大学出版社，2004.

3. 陈季同著，钱南秀整理. 学贾吟，上海：上海古籍出版社，2005.

4. 陈季同著，李华川译. 吾国，南宁：广西师范大学出版社，2006.

5. 陈季同著，陈豪译. 中国人自画像，中国人的快乐，北京：金城出版社，2011.

6. 黄兴涛. 近代中西文化交流史上不应被遗忘的人物，闽都人物，福州：海风出版社，2014.

7. 薛绍徽著，林怡点校，福建省地方志编纂委员会整理. 薛绍徽集，北京：方志出版社，2003.

8. 刘广京，朱昌峻编，陈绛译校. 李鸿章评传，上海：上海古籍出版社，1995.

9. 梁启超著. 李鸿章传，天津：百花文艺出版社，2000.

10. 庞百腾著. 沈葆桢评传，上海：上海古籍出版社，2000.

11. 廖梅著. 汪康年：从民权论到文化保守主义，上海：上海古籍出版社，2001.

12. 汪荣祖. 走向世界的挫折——郭嵩焘与道咸同光时代，长沙：岳麓书社，2000.

13. 李扬帆. 走出晚清，北京：北京大学出版社，2005.

14. 朱维铮，龙应台编著. 维新旧梦录，北京：三联书店，2000.

15. 曾朴著. 孽海花，上海：上海古籍出版社，1979.

16. 沈岩. 船政学堂，北京：科学出版社，2007.

17. 郑孝胥. 郑孝胥日记，北京：中华书局1993.

18. 辜鸿铭，黄兴涛等译. 辜鸿铭文集，海口：海南出版社1996.

19. 沈瑜庆. 涛园集，福州：福建人民出版社，2010.

20. 陆树藩. 救灾日记，收入阿英编. 庚子事变文学集第四卷“散文”，北京：中华书局，1959.

21. 范当世. 范伯子诗文集，上海：上海古籍出版社，2003.

22. 陈衍，陈步编. 陈石遗集，福州：福建人民出版社，2001.

23. 翁同龢. 翁同龢日记，北京：中华书局，1998.

24. 福建通志局沈瑜庆、陈衍等纂修. 福建通志，北京：方志出版社，2016.

25. 顾廷龙、叶亚廉主编. 李鸿章全集，上海：上海人民出版社，1987.

26. 施家顺. 台湾民主国的自主与溃散，屏东现代教育出版社，1985.

27. 张之洞. 张之洞全集，石家庄：河北人民出版社，1988.

28. 张作兴主. 船政文化研究——船政奏议汇编点校辑，福

州：海潮摄影出版社，2006.

29. 陈世镕编. 福州西湖宛在堂诗龛征录，福州：福建人民出版社，2007.

30. 王铁藩. 福建清代科举人名录，福州：福建人民出版社，2011.

31. 刘荣平. 词学考论，扬州：广陵书社，2014.

后　记

福建，山海相拥，人杰地灵，人文荟萃，英才辈出，产生了许多伟大的思想家、文学家、教育家、科学家和民族英雄、爱国先驱、革命将士、时代楷模。他们的教育成长、道德品行和思想文章，是福建的宝贵精神财富，教育和激励着一代代福建人努力学习、奋勇前行。福建省社会科学界联合会组织编写的“福建历史文化名人丛书”，以福建历史名人为题材，古今结合，意在从高处着眼、从基础着手，普及人文社会科学知识，促进人文道德养成，使社会科学知识走进大众、走进生活、走进现实，让更多的人了解福建历史名人，弘扬优秀传统文化，增强福建文化影响力和感染力，为建设文化强省添砖加瓦。

“福建历史文化名人丛书”（第四辑）所包含的陈元光、林慎思、吴夲、胡安国、李纲、真德秀、黄乃裳、陈季同、萨镇冰、林森10个人物故事，记录了福建文化之于中国历史的影响，同时也以人物史的叙述方式生动地展现出中国人文精神的风骨和传统文化的传承。人物篇以人物生平为线索，在故事中体现传主的学问、事功、道德，凸显他们在中华文明进程中的重要作用，深入挖掘和阐发其内在精神，从而激起读者爱国爱乡的强烈情感，使之成为涵养社会主义核心价值观的重要源泉。

这套丛书以广大群众为读者对象，尤其是各年龄段的学生群体以及受过中等教育的读者，他们对这些历史名人的认知，大多来源于历史课本、乡土教材、文化景点和博物馆，很难形成具

体、深入、系统的认识。丛书深入浅出，雅俗共赏，通过一个个生动精彩的故事带领读者走进福建历史，走入人文社会科学的知识殿堂，融故事性、知识性、趣味性、可读性于一体，对提升大众的阅读水平、普及社会科学知识、提高人文社会科学文化素养和思想道德素质有着积极的作用。

专家刘小新老师对丛书写作大纲和书稿进行了认真审读，并提出了许多很好的意见和建议，在此表示感谢！

由于编撰出版时间紧，经验和水平有限，疏漏在所难免，敬请广大读者批评指正。

编委会

2019年8月